CRC Press
Taylor & Francis Group

领导者的起点

卓越领导者的
思考模型和行动指南

[美] 苏珊·G. 施瓦茨（Susan G. Schwartz） 著

李 静 刘文玉 译

CREATING A
GREATER WHOLE
A PROJECT MANAGER'S GUIDE
TO BECOMING A LEADER

中国原子能出版社　中国科学技术出版社
·北 京·

Creating a Greater Whole: A Project Manager's Guide to Becoming a Leader / by Susan G. Schwartz / ISBN: 978-1-0320-9594-3

Copyright© 2018 by CRC Press.

Authorized translation from English language edition published by CRC Press, part of Taylor & Francis Group LLC; All rights reserved

China Science and Technology Press Co., Ltd. and China Atomic Energy Publishing & Media Company Limited are authorized to publish and distribute exclusively the Chinese (Simplified Characters) language edition. This edition is authorized for sale throughout Mainland of China. No part of the publication may be reproduced or distributed by any means, or stored in a database or retrieval system, without the prior written permission of the publisher.

Copies of this book sold without a Taylor & Francis sticker on the cover are unauthorized and illegal.

北京市版权局著作权合同登记　图字：01-2023-3093。

图书在版编目（CIP）数据

领导者的起点：卓越领导者的思考模型和行动指南 / （美）苏珊·G. 施瓦茨（Susan G. Schwartz）著；李静，刘文玉译. — 北京：中国原子能出版社：中国科学技术出版社，2024.1

书名原文：Creating a Greater Whole: A Project Manager's Guide to Becoming a Leader

ISBN 978-7-5221-2912-9

Ⅰ . ①领… Ⅱ . ①苏… ②李… ③刘… Ⅲ . ①领导学 Ⅳ . ① C933

中国国家版本馆 CIP 数据核字（2023）第 161587 号

策划编辑	陈　思		文字编辑	邢萌萌
责任编辑	付　凯		版式设计	蚂蚁设计
封面设计	潜龙大有		责任印制	赵　明　李晓霖
责任校对	冯莲凤　张晓莉			

出　　版	中国原子能出版社　中国科学技术出版社	
发　　行	中国原子能出版社　中国科学技术出版社有限公司发行部	
地　　址	北京市海淀区中关村南大街 16 号	
邮　　编	100081	
发行电话	010-62173865	
传　　真	010-62173081	
网　　址	http://www.cspbooks.com.cn	

开　　本	880mm×1230mm　1/32
字　　数	174 千字
印　　张	8.5
版　　次	2024 年 1 月第 1 版
印　　次	2024 年 1 月第 1 次印刷
印　　刷	北京华联印刷有限公司
书　　号	ISBN 978-7-5221-2912-9
定　　价	69.00 元

（凡购买本社图书，如有缺页、倒页、脱页者，本社发行部负责调换）

致戴夫（Dave），我的爱人

前　言

领导力不是一个人的活动。领导力关乎群体以及群体成员之间如何相处，而不涉及领导者个人及其自我意识。领导者会发现并提升群体中每个成员的能力。无论你身处专业性工作环境还是参加了一个自发形成的组织，只有协作的力量才能使人们走出混乱、克服挑战，实现共同目标。

卓越领导者有大局思维，他们有明确的愿景，能够激励和调动团队成员积极完成工作任务。他们能够发现他人的长处，传递激情，充满信心去建设团队，并带领团队同心协力、实现目标。他们可以创造性地解决问题，清晰而明确地表达思想。他们还能发现并聚焦核心问题，进行高效沟通，化解潜在冲突。看起来具备这些超乎寻常的能力似乎非常简单，但绝对不是！

经验丰富的领导者都知道，最难的事情是保持冷静。只有保持冷静才能理性地应对眼前的挑战。只有通过不断地试错，领导者才能练就这些能力。优秀的领导者都犯过错误，重要的是他们不认为错误就等同于失败，因为他们能够从自己的经验中学习并获得知识，从而不断进步。作为终身学习者，他们鼓励周围的人加入他们的探索之旅。领导者发问是为了寻求不同的观点，必要时还会修订规则。

在我从管理者成长为领导者的过程中，我搞不明白那些人怎么能让获得领导力看起来如此简单。在我成长过程中，我感觉自己好像一直在不断提升领导力。我研究了我的经理和导师们的行动轨迹，也想了解他们是如何让一切看起来如此简单。我开始阅读我能找到的每一本关于领导力的书。我发现，要想提升领导力就要不断学习，因为领导者唯一可以依赖的环境条件就是变化。确实，有时候领导者要在成长过程中不断提升，因为没有先例可供参考。

我认识到卓越的领导者都具有敏锐的观察力，他们提出问题，调动团队成员积极解决问题。领导力不是被动获得的，只有通过实践、犯错、调整、再实践才能形成敏锐的决断能力及卓越的领导力。我写这本书的目的就是为项目经理和总经理提供不同的视角和一些工具，让他们在成长之路上走得更顺利一些。

本书作为一本指南，旨在提供不同的观点来帮助项目管理者从具体执行岗位晋升到制定战略、建构愿景的高级职位。虽然本书是根据特定的思路写成的，但读者可以不考虑顺序，从任何一章读起。无论何种方式，都可以从新的视角和思考中获益。

第 1 章探讨了领导者具有的不同特质。接下来，第 2 章和第 3 章讨论了如何通过领导力来调整愿景、传达信息，让团队成员明确每个人的任务，协调一致地开展工作。第 4 章讨论了如何与那些表达方式和工作方式不同的人打交道。第 5 章描述了如何根据个人需求和具体情况选择最佳的激励方法。第 7 章和第 8 章探讨了包括不确定性、风险和冲突在内的各种压力源，以及领导者可以使用的一些工具，可以把可能发生的冲突的形势转化为建设性的对话。第 9 章着重探讨领导者的人格特质。人们进展不顺的时候就会关注领导者。本书的重点是，作为一名领导者，你应如何花时间关注自身以及自己的职业发展。领导力不是要人们如何遵循既定的规则，它要帮助人们找到正确的方法走向未知之路。这条路未必是罗伯特·弗罗斯特（Robert Frost）曾经走过的那条少有人涉足的路。领导力是利用团队的力量来开辟新的道路，为后来人搭建必要的道路和桥梁。总而言之，领导力是由一起奋斗的人（也就是团队）来确定的。领导者在与团队成员一起工作，实现共同使命和愿景的时候，要让组织的各个部分保持协调一致。

本书能促成领导力的养成。但我认为此书的价值不止于此。我希望它成为深入思考过程中的里程碑，新一段旅程的开启点。

受篇幅所限，我无法一一列举那些曾与我一起工作的人。感谢你们与我同行，帮助我度过那段艰难的时光。我们在一起做成了很多有意义的事。这些事靠任何一个人的力量都无法完成。

如果没有好友的鼓励、建议和意见，这本书也是不可能完成的。感谢特里·图利（Terry Tuley）、苏珊·库德拉·芬恩（Susan Kudla Finn）、桑德拉·伯恩哈特（Sandra Bernhardt）、克拉克（Clark）、里兹万·沙（Rizwan Shah）、辛西娅·霍西（Cynthia Huheey）、贝丝·斯普里格斯（Beth Spriggs）、马特·洛伊（Matt Lowy）、艾伦·萨维尔（Ellen Savel）、肯·科恩（Ken Cohn）、维多利亚·圭多（Victoria Guido）、杰西卡·伯巴赫（Jessica

Burbach）、内奥米·奥特内斯（Naomi Otterness）、德布·佩尔（Deb Peer）、布莱恩·卡拉布罗（Bryan Calabro）和约翰·潘（John Pan）的帮助，他们都花时间为这本书提出了宝贵的建议和反馈。

最后，感谢我的家人。结束了漫长的一天的工作后，见到他们，才想起什么是真正重要的。我的丈夫戴夫是这本书的第一编辑，感谢你总是直言不讳但善意满满。还有我的孩子卡尔（Carl）、艾米丽（Emily）和女婿亚伦（Aaron）。当我问他们我能不能写书时，他们坚定地认为我可以。尤其是爱米丽，她读完初稿后就问："我妈妈怎么这样说话？"最初的稿子写得太正式了，她提醒我要真实，要把我给她和哥哥讲的关于领导力和诚信的那些想法真实地写出来。

目　录

第 3 章
CHAPTER3
协作和对话的力量　　055

目　录

第 1 章

什么是领导力?

领导就是……

信任让领导者能够……

领导未必天生拥有……

出乎意料！你竟然成了领导者！

卓越领导力的特征很容易描述，但不好衡量。人们说，有些人一看就是卓越的领导者，但说不上来他们身上到底有什么独特之处。那些肩负领导责任的领导者并不都是循着既定的职业道路发展的。有时候，领导者在出乎意料的情况下就产生了。比如，某位新成员刚刚还在为加入新团队而高兴不已，然后意想不到的事情就发生了，他需要去填补领导者留出的空位。他可能经验不足，可能不确定自己有多大能力；但是，你看！突然间，他就成了领导者。

你有没有自己突然成了领导者的经历？我第一次领导项目的机会，出现在我初次跟随一位经验丰富的系统分析师安装大型电话系统的时候。当时我 23 岁，我跟随的那位女系统分析师有 10 年的工作经验。她怀孕后身体出了点问题，不得不卧床休息。突然间，我就成了项目负责人。监督设备安装的两个高级技术人员头发花白、很不友善。他们上上下下打量着我，还说他们的孙女都比我年龄大。这让我如何应对呢？我没有假装自己是专家。相反，我努力工作，尽力做好自己作为客户和工程联络员的工作，还向他们请教了许多问题。虽然那两个人自诩脾气不好，但一旦我赢得了他们的尊重，他们就变得非常友善、乐于助人。我们一起努力工作，解决了系统安装过程中经常出现的问题。他们让我认识到勤奋、谦逊、正直和信任的价值。当然，我每周都会在去工地的路上买甜甜圈带给他们吃，这对于我们建立友谊也有帮助，渐渐地我们之间的同事关系就发展成为相互信任的友情关系了。

领导力——看到才明白

在技术领域，领导力的培养和精进尤为困难。通常情况是，对于具备某种技术专长的人来说，从事管理工作几乎是他们得到晋升或提拔的唯一出路。这些技术能手在初涉管理这一新领域时，对管理业务工作或指导低级员工都没什么经验，甚至没接受过什么培训。但是别人却认为他们本就应该知道如何组建团队、激励员工、处理矛盾、协商资源、确定风险等级等。

几乎在所有领域都会出现领导者不具备某些必备知识的情况。我曾听一位技术娴熟的医生说，她接任医疗主管时，在医疗保健业务方面经历了"学习曲线"。她是人体生理学方面的专家，但当她必须对营销决策发表意见时，却不知道该怎么说。每个人都不可能无所不知。我问她是如何填补知识空白的，她的回答是从每次会议中学习，从点滴中积累。

美国项目管理学会（PMI）把领导力定义为"能够指导项目团队、实现项目目标、适应项目约束"。在美国项目管理学会行业标准指南中，人力资源管理部分明确包含人际交往技能，这些技能在分析形势、利用团队成员优势实现项目目标等方面是必需的，分为**领导力、影响力、有效决策能力**三个领域。美国项目管理学会行业标准指南还说明了清晰表达愿景的重要性、倾听技能的必要性、寻求各种方法的能力以及决策过程的价值所在。所有人都认为领导者需要具备这些技能，但是，作为项目管理者，如何学习并获得这些能力？如果我们仅仅通过阅读一本书或上几节课就能获得的话，那就简单多了。但事实是，我们必须通过工作中所经历的成功和失败来获得这些能力。

既然领导力的特征不好辨别、难以衡量，还得具备不熟悉的技能，那么我们如何学着成为领导者呢？对于如何精进领导力的问题，一个鲜为人知的秘密就是，大多数人本身都具有领导力潜质。一些人能很容易找到方法挖掘出这些潜在的领导力，而另一些人可能需要付出更多的努力才能获得。无论哪种情形，其方法都是相同的，那就是：观察、反思、应用和重复。

观察是精进领导力的关键。那些处于领导地位的人怎样应对挑战呢？如果你很幸运，能在一个能力超强且和蔼可亲的领导者手下工作，那么请注意观察他如何解决问题、如何与相关人员交谈。如果你与一位难以相处的管理者或领导者一起工作，你就可以从中汲取一些非常深刻的教训。你也要观察这样的领导者如何解决问题、如何与人交谈。然后，你要把这些例子整理归类，并注明在处理类似情况时应避免哪些做法。在确定解决方案之前，你要分析不同的行动方案可能会产生的积极和消极后果，这一过程即"思考"。

思考练习

通常，精进领导力的最佳方法是反思自己的经历，识别类似情况，思考推进工作时你会重复的行为和你肯定不会重复的行为。你可能觉得在堵车时、在杂货店排队结账时，或在其他你认为浪费时间的情况下进行反思会受时间限制。但恰恰相反，这些时间都很宝贵，你可以用来思考各种复杂的事情。

贯穿本书的"思考练习"旨在为你提出建设性问题，帮助你思考不同领导力的概念和适用场景。你可以加上一些更符合自身具体情况和经验的问题。你可以在空白处写下自己的思考意见，或者单独写在日记里。用工作簿进行记录可以帮助你反思领导者经历的事情，让你在面临挑战时，利用这些经验去采取有效措施，避免造成致命的失误。这只是思考的开始。建议你六个月或一年以后再拿出这些思考记录，看看你的经历和观点会发生怎样的变化。

领导力的基本特质

当人们被问及卓越领导者所具备的特质时，他们可能会在脑海中列出最突出的十五到二十个特质,通常包括勇气、远见、优秀的沟通能力、正直、诚信、专业、有魅力。卓越的领导者一定拥有这其中的许多特质,但是,具备所有特质是不现实的。如果某件事看起来太复杂,人们可能连试一试的想法也没有了。就像打高尔夫挥杆一样,在上球场挑战之前,最好先练就那些基本技能。

图 1.1 所示的钻石领导力模型展示了卓越领导力的五个核心能力。每一颗钻石的切割角度、清晰度、颜色和质量都不尽相同,同样地,衡量卓越领导者的标准也不是单一的。有人告诉我,他们深刻理解什么是领导力,与他们深入交流后,我发现他们分享的内容中都蕴含着不易表达的几个方面:信任、谦逊、共情、诚信、自信。

图 1.1 钻石领导力模型

信任是一种重要的领导力特质,它能把其他四种领导力特质联合在一起。从根本上看，人们之所以会追随领导者，是因为他们从内心相信，领导者会为一起工作的人带来最大的利益。如果一个领导者不能赢得信任，那么其他特质也就不重要了。

在其他四种中，**谦逊是**最重要的，因为真正的领导者能够意识到每个人，包括他自己，都有优点和缺点，一个人的努力往往无法取得成功。**共情**是领导者设身处地为他人着想的能力。有同理心的领导者能够从不同的角度来审视挑战，思考某一个行动可能对所有相关方产生的影响。**诚信**是指按照约定行事，履行承诺。最后一种是**自信**。自信也是一种能力，与专业知识无关。领导者可能不是某个领域的专家，但他知道如何用人、如何把事情做好。当几件事同时出现问题时，人们希望领导者能够保持冷静，告诉他们去做什么。即使领导者也摸不着头绪，但他会安排团队成员去诊断问题、解决问题。卓越的领导者不仅自己要表现出自信，而且能够鼓励他人变得自信。

信任

布琳·布朗（Brené Brown）在《活出感性》（*Daring Greatly*）一书中对领导团队所需要的勇气进行了探究。她在书中讲述了许多精彩的故事，但是，对一个团结的团队所表现出来的信任，应是"转向彼此"的行为，而不是"互相攻击"。尤其是当坏事发生时，更能体现出来。当不团结的团队出现问题时，团队成员会彼此疏远、指责他人。团结的团队遇到问题时，信任的纽带就会让他们联合起来，齐心协力达成建设性的解决方案。

谦逊、诚信、共情、自信这四种特质可能不好衡量，但是经济学家和神经科学家已经把信任在工作环境中产生的影响作为几个研究项目的重点。史蒂芬·柯维（Stephen Covey）认为信任和完成指定工作所需的时间和成本之间存在直接关系，这个关系可以用一个简单的公式来表示：

$$信任 = \frac{速度}{成本}$$

如果一个组织内部的信任度越低，完成指定工作需要花费的时间和金钱就越多。如果一个组织内部信任度高，完成指定工作需要的时间就更少，所需成本就更低。

柯维根据经济驱动力的比喻提出了信任税和信任红利。没有内部信任的组织会被征收 80% 的信任税。这些组织内部形成了"有毒的文化"，其内部成员总是刻意地破坏他人工作成果，管理部门偏重惩罚消极行为，而不去鼓励积极的行为。随着组织内部信任度的提升，信任税逐渐降至零。柯维还向具有信任氛围的组织发放信任红利。他认为世界级的信任氛围能够推动协作创新、透明沟通、员工敬业、内部协调。哪一个领导者不想建立这样一个高度信任的组织呢？

保罗·扎克（Paul Zak）是一位神经经济学家，他把经济学、心理学和神经科学结合起来，以充分了解人类是如何做出决策的。他把研究重点放在如何把神经科学研究成果应用于商业环境，建立高绩效、高信任的组织。他的研究发现与柯维及其团队的研究结果相似。他发现，相比于在低信任度的组织中工作的人，在高信任度的组织中工作的人精力更充沛、效率更高。不足为奇，在拥有信任文化的组织中，员工离职率更低，他们工作和生活之间的平衡维持得更好。扎克的团队对不同层次的美国公司进行比较之后发现，这些公司信任指数的平均值是70%。研究人员追踪发现，得分最低的两个要素是辨识优秀和信息共享。可以从中借鉴的是，领导者可以运用透明沟通的技巧，发挥他们谦逊、诚信、共情以及建立自信心的技能，以最小的努力和最少的预算来提高工作场所内的信任度。

谦逊

当人们说起他们最钦佩的领导者时，谦逊是首要特质。常言道，挑战使领导者变得更强大、更优秀、更勇敢、更谦逊。正如我最喜欢的一句话："那些杀不死我们的东西会让我们更强大。"但是，我知道我们可能认为有些特质是缺点，即使努力也难以根除。有时候，我们就是我们。正因为如此，领导者必须承认谦逊是一项重要的特质。领导力不在于一味追求完美，而在于帮助他人渡过困境。如果你必须接触在某个特定领域有更强技能的人，你就需要坦诚地面对自己和对方。

约翰·麦克斯韦尔(John Maxwell)是《纽约时报》(*New York Times*)认可的研究领导力的权威专家,他引用牧师里克·沃伦(Rick Warren)的话来解释谦逊:"谦逊不是否认自己的长处,而是诚实地面对自己的弱点。"埃米特·墨菲(Emmet Murphy)在《天才坐牛》(*The Genius of Sitting Bull*)一书中讲述了一个典型案例,其中一位领导者因为能够诚实地面对自己的弱点而获得成功。他认为"战略谦逊"是大酋长坐牛(Sitting Bull)最厉害的领导特质之一,这使他能够一统各个独立的苏族部落,在小巨角河战役中击败乔治·阿姆斯特朗·卡斯特(George Armstrong Custer)。

1868 年,美国政府与苏族联盟(The Sioux Nation)签订条约,承认黑山是苏族的领地。该地区就是今天的南达科他州(South Dakota)。其实苏族人早在几个世纪前就拥有这片土地,直到1868 年才签订条约。1874 年,人们在黑山发现了黄金,麻烦就来了。突然间,勘探者开始在苏族的领土上大肆搜寻黄金。联邦政府也想重新谈判,提出要购买土地。苏族部落酋长拒绝了所有的提议,声明部落的土地不可售卖。1876 年,美国陆军部授权对有敌意的苏族展开行动。

在此之前,苏族联盟的各个部落由各部落的酋长独立治理,各部落之间和平相处。在判断卡斯特将军及其军队的实力时,坐牛也评估了自己的优势和劣势。他还研究了其他四个苏族部落酋长的优势和劣势,他们是疯马(Crazy Horse)、加尔(Gall)、四角（Four Horns）和红云（Red Cloud）。美国军队比苏族拥有更多的士兵和武器，但是坐牛相信，如果协调四个部落的力量，团结作战，他们将拥有不可战胜的力量来打败卡斯特和他的蓝衣部队。疯马酋长具有创新创造能力，制定了出色的游击战术。加尔酋长制定了精心策划、细致详尽的作战策略。四角酋长擅长建立各种联系和关系，为对敌作战提供情报。红云酋长是最年长的一位，他凭着多年的经验和事实分析主导大家进行理性的讨论，确保各个方面都被考虑在内。坐牛用他特有的协作技能建立起相互的信任，说服四位酋长联合起来，执行他的战略，让各方势力在他的控制和尊重下根据各自的长处带领不同的队伍。

如图 1.2 所示，虽然这些苏族酋长具有不同的领导力特质，但把每一个人的特质结合起来就可以创造出一个整体战略。各有所长的人们贡献各自的力量才能构建一个更强大的组织，任何一个个体都不可能达成这样的成就。

图 1.2　领导力信任图

如果相互信任,人们就能解除戒备,分享他们真实的想法,进行协作式的头脑风暴和联络活动,制订创新性解决方案。这样的方案更有可能被成功执行,因为相关管理者能够坦诚地面对彼此、分析问题,制订短期和长期计划。

领导者需要认清自己的优势和动机,也要清楚自己在理解和激励他人方面存在的弱点。下面第一个"思考练习"就让你有机会花点时间来思考一下哪些因素构成了你独特的个性。

思考练习

你会用哪三个词来形容自己?

举例说明你为什么选这三个词形容自己。

列出你自认为薄弱的两个方面。你接受每个缺点都是自身的一部分吗？如果你想提升，你能做些什么来改进自己的这些缺点？

你的同事认为你在团队中经常起到什么作用？

什么可以带给你快乐？

你如何传递这种快乐？

认识同事和朋友的优点和缺点相对容易，但自我评价从来都不容易。思考练习是一个工具，你可以利用它来帮助你了解个人的优势，提高领导力。在每天结束时问自己最后两个问题很重要。今天带给你快乐的是什么？你实现既定目标了吗？也许你参与完成了一项工作，或者见证了一个偶然的善举。是别人影响了你的一天，还是你影响了别人的一天？传递快乐像拥抱爱人一样简单吗？你如何与周围的人分享这种积极的经历？总之，能留意到小事的人在处理大事的时候会更精明。

诚信

诚信是领导力基本特质的一个方面，但重要的是不要将诚信与道德行为混为一谈。几年前，我在加拿大温哥华的一家商店橱窗里看到一块牌子，上面写着："阿尔·卡彭（Al Capone）可能不讲道德，但他讲诚信。"我一时没搞清楚，想了一会儿，我才知道是什么意思。阿尔·卡彭是 20 世纪 20 年代臭名昭著的美国黑帮分子，他没有遵守当时制定的法律和行为准则，但是他肯定会兑现他做出的所有承诺。有些人是遵纪守法的公民，但总是为不能按时完成任务找借口，又或者从不履行承诺。你的同事中有多少是这样的人？这些人当然是有道德的，但他们没有诚信，因为他们在做出承诺时就没想过要履行承诺。

除了履行承诺，诚信还表现为领导者给员工制定的制度自己也要遵守。通俗地说，人们认为领导者有诚信就是说他言行一致。有诚信的领导者不会发表不切实际的讲话，要求人们花更少的钱做更多的事情，然后回到自己独立的办公室，享用丰盛的午餐。埃米特·墨菲讲述了一个领导者不守诚信的案例：乔治·阿姆斯特朗·卡斯特将军要求他的士兵在烈日炎炎下穿着扣着纽扣的军装，携带沉重的弹药行军。如果士兵违反了这条严格的、毫无意义的着装规定就会受到严厉的惩罚。与此同时，卡斯特穿着轻便的夏季制服骑着马走在队伍中，没有携带任何装备。如果他骑的那匹马累了，就换一匹马骑。他对马表现出的关心远远超过了对他部队里的士兵的关心。事实上，卡斯特制定了两套规则：一套是给部队制定的，另一套是给自己制定的。与坐牛带领的苏族战士进行激烈战斗时，很多士兵发现卡斯特只顾自身安全，远远躲在战线之后。他们只能打乱阵型，进行自救。他们没有忠诚于卡斯特将军，因为卡斯特从未对他们表现出任何关心。

共情

有些人认为共情能力强是弱点。他们认为，如果你不是一直严格要求下属，或者遇事就征求其他人的意见，你的下属会认为你软弱，不值得尊重。这就大错特错了。共情不是过度关心，而是在做事时多考虑别人会受到什么影响。要注意你的决定所带来的后果,这不会削弱领导者的权威。

共情就是关注。电影《推销员之死》(*Death of a Salesman*)中威利·洛曼(Willy Loman)一直在服装公司工作,突然间他被辞退了。痛苦中,他喊出了一句著名的台词:"必须有人关注! 必须有人关注! "他只想要一点点尊重,他希望自己的人格得到承认。共情就是要关注他人,关注你做出的正确或错误的决定带来的后果和影响。

在评估一个新的流程或程序的合理性时,共情能力强的领导者会考虑这种改变对做出贡献的人会产生什么影响,对接受改变结果的人会产生什么影响。当有人为解决问题建言献策时,这样的领导者不会只听一面之词就做出决定,他们会充分考虑各方面的不同意见,从而制定出更好的解决方案。共情能力强的领导者关心同事和合作伙伴,与那些在困难时期长期合作的盟友建立了牢固的友好关系。

在小巨角河战役备战的时候,卡斯特将军和坐牛酋长展现出截然不同的领导风格。卡斯特认为不需要做什么准备,也没有必要对他的随行部队进行战前训练。他们之间极少沟通和解释,他只关心自己和他的个人需求。坐牛酋长则积极主动地征求苏族各部落的建议。他用比较简单的办法来促使各部落联合起来:首先,他主动与各部落建立联系,然后对每个部落的优势加以赞赏,最后说明这些部落的共同之处。他的三步沟通策略有助于他表达自己的愿望，与其他部落建立友好关系，并确定共同努力的目标。共情帮助坐牛酋长拓宽眼界，制定了成功的战略。

自信

有些人不管知不知道自己在说什么，总是摆出一副狂妄自大的模样。这样的人说得天花乱坠但做不到言行一致。莎士比亚在《麦克白》（*Macbeth*）中写道，"……充满喧嚣和骚动，却没有任何意义"，就是说的这种人。他们会站出来抢占领导地位，但却无法建立自信。

领导者知道如何把事情做成，也知道单靠自己一个人完不成所有事情。一个自信的领导者拥有团队成员、同事和利益相关者共同认可的经验和知识，可以指导每个人努力实现目标。他们之所以自信，是因为他们能够识别他人的才能，使其形成合力，实现整体远大于部分之和的效果。

卓越的领导者很少告诉别人应该做什么，他们把更多的时间花在提问和倾听上。约翰·麦克斯韦尔对此总结道："领导者只要向正确的人提出正确的问题就可能发现伟大的想法。"当人们知道有些问题他们回答不出，但团队成员中有人能回答时，他们就有了自信。这种自信是领导者带来的。领导者把谦逊、诚信、共情和自信融为一体，为发展和维护健康的团队营造必需的信任，让团队成员知道在困难时期大家会相互支持。

👥 | 思考练习

请结合钻石领导力模型中的五个方面,简要叙述一个你经历过的事件。

信任:

谦逊:

诚信:

共情：

自信：

你举的例子都来自同一件事吗？

如果不是，你认为这些事件有哪些共同点？

对于结果好的事情，你如何确保你的经验可以复制？

如果你认为某件事情的结果不好，那么下次碰到类似的
情况时，你该做什么来确保产生好的结果？

　　领导者在不同的情况下要使用不同的技能。事实上，一旦你
在某个方面练就了一项领导技能并将其轻松运用，意想不到的事
情就会发生，于是你就需要再磨炼一项新技能，帮助团队顺利解
决从未遇到过的新挑战。要着力创造和维护信任文化。即使在最
混乱的情况下，这种信任文化也会激励所有团队成员、同事和利
益相关者齐心协力、达成目标。

天生的领导力

有些人生来就有显性的领导基因，曾经当过班长或足球队长。还有些人被"认为"是团队带头人。优秀的团队带头人不好找。但是，一定要注意不要把自己困住。对于长期担任领导者的人来说，偶尔成为团队成员，倾听不同观点，体验不同生活方式，也是不错的经历。有时候，优秀的团队带头人会发现自己处在领导者的位置。一旦得到支持，这些人就会为团队带来新视角，注入新能量。下面两个故事一个是真实的，一个是杜撰的。在故事中，这些人从未想过自己要成为领导者，却发现自己领导着非常复杂的工作。

杰伊·科克利和埃莉的帽子

杰伊·科克利（Jay Coakley）从未想过要当领导者，他一直在中学当体育老师。他为人谦逊，是学生心目中理想的体育老师。他厌倦了退休生活，就找了一份兼职，在小学体操队当教练。他遇到了一个正在上幼儿园的小孩，名叫埃莉（Ellie），当时她只有5岁，正在接受化疗。埃莉总是戴着一顶帽子，脸上洋溢着笑容。杰伊回家跟妻子说，他想送给埃莉一顶帽子。于是他们从网上订购了一顶可爱的针织帽。他们的一些朋友听说了这件事，也想送给埃莉更多的帽子。后来，杰伊所在教堂的一群针织爱好者听说了埃莉的事，也纷纷想要捐赠帽子。

突然间，杰伊收到了太多的帽子，埃莉戴不了这么多。他联系了埃莉的母亲，埃莉的母亲帮助杰伊联系了爱诺瓦费尔法克斯医院（Znaa Fairfax Hospital）。院方表示，可以在每年的冬季节日晚会上为儿童癌症患者分发帽子。随着消息的不断传播，远至新泽西州和南非的针织爱好者们都寄来了帽子。紧接着，世界各地的人们都自发地要为儿童癌症患者寄帽子。当地一家餐馆帮助杰伊组织了一场募捐活动，所筹款项用于支付运费。其他社会团体也开始捐赠帽子。杰伊发现自己正管理着一个国际志愿者团队。后来，杰伊还收到了几张大额支票，这些人也想做点什么，但不会织帽子。他与院方商量，开展一个项目，送给患癌症的孩子欢迎礼包和平板电脑。他创办了非营利组织——埃莉的帽子（Ellie's Hats），向爱诺瓦费尔法克斯医院儿科肿瘤项目捐赠了10000美元。他意识到自己做了一件了不起的事情。

杰伊还游说弗吉尼亚州立法机构设立儿童癌症牌照。他曾经收到一个病重的小男孩的请求，希望父母能预定一个儿童癌症的牌照。但当时并没有这种牌照，于是他向杰伊求助。虽然杰伊对申请流程一无所知，但他认识一些知道如何申请牌照的人，于是就打电话请他们帮忙。突然间，杰伊成了一个说客。他认为自己的成功离不开他人的帮助，在他不知道如何完成某些任务时，这些人发挥所长帮助了他。在短短18个月的时间里，从未想过当领导的杰伊·科克利成了领导，负责一个符合美国税法501（c）

（3）条款的国际非营利组织。该组织目前正在游说并筹集资金，用于支持与癌症做斗争的儿童。想想看，这一切都是从杰伊去买一顶帽子开始的。

从《乐高大电影》中学到的领导经验

如果你不熟悉《乐高大电影》（*The Lego Movie*），那我来快速总结一下情节。故事发生的城市由独裁统治者商业总统（President Business）和其邪恶化身商业之王（Lord Business）统治。主人公艾米特（Emmett）是个建筑工人，每天按照固定的时间表工作。他很乐意遵守商业总统制定的规则。一个当地的巫师预言，将出现一个"天选之人"（The Special）来拯救世界。艾米特因为一个很偶然的事件成了预言中的救世主。故事中的其他几个支线包括性格独立的女建筑师狂野妹（Wild Style）用乐高积木搭建了速度最快的汽车。她把艾米特介绍给另外几位建筑大师，他们想要推翻商业总统的统治。阴差阳错，艾米特成了团队的领导者，因为他能在团队遇到困难时坚定目标，适时调整计划。他与建筑大师们一起制定计划，成功推翻了商业总统的统治。最终商业总统获得"释放"，加入了艾米特的胜利之队。

我从电影中学到了四个主要领导经验，可供新手领导者和经验丰富的领导者参考，主要内容如下：

- 只要你相信自己和团队，成功是可以实现的。

- 不能总是"按老规矩做事"。要无惧突破、敢于创新。

- 有创造力的人可能很聪明，但成功需要多种技能。各专业领域的专家要学习多种职业技能来指导和激励团队取得成功。

- 充分利用现有资源和人才制定计划是做好项目的必备条件。

计划不应该一成不变。保持灵活的、积极进取的态度可以帮助你评估并调整计划，以适应不断变化的情况，聚焦于任务目标。

思考练习

杰伊·科克利和艾米特有什么相似之处？

描述你观察到的一件事：一个人（或是你自己）最初解决了一件小事，后来却产生了意料之外的效果。

在上述四个领导经验中，你会首选哪一个作为领导力技能？描述一件事，说明你如何运用所选技能解决了挑战。

艾米特的工具包中还应该包括哪些技能？

现实生活中的杰伊和虚构的艾米特都是非常务实的人，他们没有特意去吸引公众的注意力。他们之所以成为领导者，是因为他们发现了需求，并想办法去填补需求的空白。他们让具有不同专业知识背景的人各司其职，统筹协调团队成员各自的技能和知识，创建了一个有机的整体。如果团队成员各自为战就无法建成这样的整体。

总结

什么是领导力？

- 领导者能够建立团队、激励员工、化解冲突、协调资源，并分清主次任务。

- 钻石领导力模型确定了卓越领导力的五个主要方面：信任、谦逊、诚信、共情、自信。

- 信任文化是由领导者创建的。领导者要把谦逊、诚信、共情、自信等方面融为一体。

- 谦逊指能够诚实面对自己和他人的优缺点。

- 诚信体现了领导者履行承诺的能力。

- 共情有助于领导者认识到决策给他人带来的影响。

- 自信是一种技能，能够让领导者发现他人的才能，创造合力，实现共同目标。

第 2 章

团队整合与过程指导

领导者通过……调整行动和愿景

边界帮助领导者集中精力……

分清任务主次让领导者……

领导绝不仅是一个头衔

在正常工作条件下很难让团队一直聚焦目标，沿着既定的方向前行。当出现团队无法控制的情况时，目标就很难实现。随着团队成员的压力不断增大，他们就不再把注意力全部集中到工作上，开始想办法逃避现实。这时，领导者首要的职责就是安抚团队成员的焦虑情绪，帮助他们把精力重新集中到完成任务上。

克里斯·哈德菲尔德（Chris Hadfield）克服了重重挑战，成为加拿大第一位宇航员，后来他又成为国际空间站的指挥官。他曾在美国国家航空航天局（NASA）接受训练。在一次训练中，他的团队被扔在了方山顶上，处境艰险。谈及从这次经历中学到的领导力，他说："领导力指的是带头做事，不威逼别人按你的方式做事。"他发现，即使嗓门最大别人也未必会听。他认识到，领导团队需要各种不同的技能，他需要学会如何指导别人舒缓压力、走出困境。他还发现，共情和幽默感是身处困境时非常有用的领导工具。

虽然工作中的重大变化可能不像宇航员面临的那种生死考验，但在这种时刻，如何处理危机将会严重影响相关人员，可能会产生"命悬一线"的感觉。领导者需要尽可能减轻团队人员的担忧，让他们专注于自己该做的事情。

2013 年 6 月，斯科特·杰克逊（Scott Jackson）上校得知他将指挥第三步兵师的第二装甲旅战斗队，而根据《2011 年预算控制法案》（*Budget Control Act of 2011*），该旅刚刚被列为预算削减方案中十个裁员陆军旅之一。美国军队多年没有缩减预算，所以士兵们也从未经历过这种事情。这支被称作斯巴达人的军队从阿富汗回来后便得知他们旅要被**裁员**，他们认为这意味着他们将被解雇。杰克逊知道，他需要制定一个计划，解决他手下 3800 名士兵最关心的问题，这些问题包括：他们还有工作吗？如果有，作战部队是整体转岗还是分散安排？

杰克逊上校走上前去接受这支军队的指挥权时，参加交接仪式的军人及其家属们情绪低落。他在就任演说中首先就提到了他的新团队及其家人最关心的问题，"你们首先要明白的最重要的一件事就是，你和你们的家人会得到照顾，军队不会解雇任何一个人，所以每一个选择留在军队的人都会在这里有一个家"。他向士兵们保证，大多数人将留在自己的部队，并与第三步兵师的另一个旅合并。在向士兵们保证满足他们的基本需求后，杰克逊上校在演说最后告诉士兵们，他们的当务之急是尽全力刻苦训练，保持和提高身体机能，以便从这里调离时，他们将作为美国陆军中最训练有素的士兵，接受新长官的领导。杰克逊上校的就职演说结束之际，这支斯巴达旅就开始高喊着他们的座右铭，"派我去！"表明他们承诺要完成上校所布置的任务。在不到三分钟的时间里，杰克逊上校为该旅重新注入了活力，认可了他们对军队的价值，将他们的注意力集中在立刻采取行动上，帮助他们开启下一步旅程。

随后，杰克逊上校开始加紧制订计划，确保人员顺利转岗，52000 件设备变现。就像攻克其他任务一样，杰克逊上校尽力完成了这次任务，体现了他个人的五个核心价值观：①人是很重要的因素；②我们只有团结一心才能取得成功；③严守纪律，以统一的高标准对待日常任务；④诚信——做正确的事，正确地去做事；⑤平衡工作、健康和家庭之间的关系。杰克逊上校以身作则，将保持沟通作为主要领导工具，使该旅官兵在接下来的 17 个月里专心做事。他及时向士兵们传达他收到的信息。退役日期确定后，杰克逊就随身携带记录着每个士兵名字和分配情况的索引卡。任何士兵都可以拦住上校咨询分配的情况。如果杰克逊暂时无法回答士兵提出的问题，他就承诺一定想办法解决。

2015 年 1 月 19 日，杰克逊上校正式解散第二旅时，68% 的士兵转入佐治亚州斯图尔特堡的其他旅中，作战部队（约 2580 人）仍然留在军队，其余人大多退休或转业。只有极少数人（2%~4%）被要求调离原来的部队，因为他们拥有高度专业化的技能，这些技能在斯图尔特堡没有用武之地。

整个过程持续了 17 个月。杰克逊上校在前 9 个月对各项工作制订了精准计划，后 8 个月平稳地解散了部队。杰克逊上校始终不变的总目标就是保持稳定，在士兵中建立信任。杰克逊上校认为，部队之所以能够按照愿景平稳顺利地完成转型，离不开高级军官处理主次矛盾不断变化的能力和下级军官的专业执行能力。他把自己的角色看成"首席沟通官"，确保每个人都能获得所需要的信息，做最好的自己。

管理与领导

无论你身处私营产业、政府部门还是军队，管理和领导一群人都是非常不容易的。无论你是主管、经理，还是其他出色的团队成员，发挥领导作用都不是说你可以去命令身边的人。负责就是承担责任，就是说你要对身边人的行为负责，知道如何激励团队或小组在预期范围和既定的预算和时间内齐心协力交付商品和服务，还需要不断地观察你身边那些利益相关者的行为，时刻准备采取措施，维持组织平衡，实现既定任务目标。

通常，领导者是团队中工作最努力的人。漫画中的主管们通常把脚跷在桌子上，而其他人则忙得团团转。现实中的情况可不是这样。管理者和领导者需要付出什么才能获得成功呢？他们的工作职能相同吗？怎样才能成为一名好的管理者？一位优秀的领导者还需要具备哪些技能？

2016年，美国项目管理学会继续推进工作，发布了专业教育参数，把和项目管理相关的技能分为三类：技术、商业管理、领导力。技术领域很好理解，但是该如何区分商业管理和领导力呢？有人根据工作分工和工作重点来区分这两个领域。

根据这一标准，管理者负责保证正常工作平稳进行。领导者负责发现具备适当技能的人，实现看似不可能实现的愿景。两种身份兼具的人在领导团队的时候要承担所有责任，却没有管理这样一个复杂的三维组合所需要的不断变化的资源。

思考一下，如果你要当领导者，你会努力向谁看齐？他可能是历史人物、项目负责人或重要的团队成员。你想从他们身上学习什么样的技能或特质？

思考练习

是什么造就了优秀的管理者？

是什么造就了卓越的领导者？

说出你心目中的四位卓越领导者。

列出你认为职业发展中需要培养的管理技能和领导技能。从每一类中找出最重要的两项技能首先纳入你的职业发展规划。

以上问题的答案没有对错之分。我在课堂上进行这个练习时，学员们常常把技术专长、预算技能、资源管理、清晰沟通、尊重他人列为管理者特质。但是当他们通过头脑风暴列出卓越领导者的姓名以及他们选择这些领导者的原因时，他们都提到了那些让人充满自信的能力，还有那些让人相信自己有能力解决艰难的挑战的能力。每个学员提出的管理技能和知识要求因行业和经验水平不同而有所不同，但每个学员对领导力技能的认识是一致的。我从个案调研中得出的关键结论是：领导力与人有关。技术、工具、程序会发生改变，但人们对尊重、欣赏、成就的渴望永远不会变化。

领导的起点

爱默生说过一句话："人生是一场旅行，而不是终点。"把爱默生的比喻引申一下，领导力也是一段从零启程的曲折旅程。当你和团队朝着目标顺利前进时，变化出现了，这时你就需要换个方式去实现目标。领导者要对自己的起点或"零点"充满信心，善于将其与任务的最终目标联系在一起。有人把这个起点称为自己的"真北"①。当环境变化改变了最初计划的路线时，领导者的首要责任就是确保自己与团队成员在行动上保持一致，为实现最终目标共同努力。

---

① 英文为 True North，本意是沿着地球表面朝向地理北极的方向。源自比尔·乔治（Bill George）和彼得·西蒙斯（Peter Sims）所著的《真北：125 位全球顶尖领袖的领导力告白》（*True North:Discover Your Authentic Leadership*），暗指一位领导者只要挖掘出自己的核心真我，并且从这一点出发，那么去任何地方都不会迷失方向。

在你意识到自己的"起点"，并对当前的路线有了规划以后，就可以帮助团队的其他成员寻找他们的"起点"。下面的思考练习将帮助你应对作为领导者面临的最艰巨的挑战之一：为自己制订计划。

🛠️ | 思考练习

描述一下你现在的职业 / 个人情况。

一年后你想在专业 / 个人方面达成什么目标？

你对实现目标有什么规划？

无论一个组织多么复杂，优秀的领导者都知道他们前行的方向。他们会抽时间学习职业发展技能，不错过新的学习机会。

协调"社区"以取得成功

确定了起点之后，下一步就是了解那些与你同行的人。美国项目管理学会把与项目相关的人定义为利益相关者。我强烈建议你把这些利益相关者当作"社区"成员，因为他们将帮助你实现预定目标。只有所有利益相关者共同努力才能促成项目的成功，如果每个利益相关者只关注个人就很难保证成功。

有人用"村庄"或"部落"来形容一群人的相互关系。不管人们将其比喻成"社区""村庄"还是"部落"，这些群体产生的建设性能量都会使人们建立信任、提振信心，从而实现共同目标。21 世纪的神学家纳迪亚·博尔兹－韦伯（Nadia Bolz–Weber）对这一概念进行了最为恰当的描述，她说："我认为只有一个人有坚定的信仰是不够的，整个团体有坚定的信仰才行。"领导者需要确保他带领的团体成员理解团队的"起点"，认识到自己在团体中的"起点"，知道如何与其他成员建立联系。

西蒙·斯涅克（Simon Sinek）把人们在一个协调一致的团体中受到的保护称为"安全圈"。他认为紧密联系在一起会产生友情，而友情则是协力解决问题的力量。每个人都非常熟悉他们共同从事的工作，如果有人注意到哪件事情出了问题，他就会告知其他人，并联合起来解决问题。如果发生外部危险，比如某人想进入"安全圈"，削弱领导力，团结的组织就会化解这股逆流。如果组织不团结，只专注于做具体的事情，就不能及时预见危险，将造成不可逆的伤害。

当意外事件发生时，人们期待领导者能够坚定不移，带领团队继续前行。在产生不确定和疑虑时，领导者需要保持冷静，带领成员朝着既定的目标前进。他们会厘清事情的主次顺序，收回浪费在琐事上的精力。在你的生活中，除了父母还有哪些人的言行能让你在面对不确定时感到自信？他们可能是教练、老师、团队领导、经理或是客户。回想一下他们和你说过哪些至理名言让你至今仍难以忘记。你怎么模仿他们的做法？反过来，再花一点时间回想一下有哪些行为让你憎恨无比，发誓如果自己当了领导决不会干这样的事。你又怎么防止自己去效仿这些不良行为？

思考练习

在你的职业生涯中，你是否见过非常出色的领导者，或是非常不称职的领导者？在下面的空白处列出他们的名字。

举例说明一个正面的领导行为或一个负面的领导行为。

回想一下，哪些正面的领导行为让你感到安心？负面的
领导行为中缺失了什么？

你在哪件事情中表现出从上述实例中学到的卓越领导力
技能？

体现领导力强的事例有一个共同点，即领导者善于鼓励那些帮助团队紧盯共同目标或任务的行为。在体现领导力弱的事例中，领导者对自己的决定不负责任、指责他人，还在团队中制造冲突。卓越领导者明白，团队的成功其实是一群人团结一心共同实现的。领导者的主要作用是确保每个人的努力与整个团队的使命和目标保持一致。

协调与领导力"全球定位系统"

就像全球定位系统（GPS）帮助司机在不熟悉的路段导航一样，领导者也发挥着类似的作用，整合团队成员的力量开发不熟悉的领域。在团队成员之间产生距离甚至产生内部小团体时，他们很容易偏离正轨、主次不分。此时，领导者要经常与团队成员进行交流，清楚什么时候进行干预，让成员们知道什么时候应该做出转变、为什么要转变。

亨利·克劳德（Henry Cloud）博士认为领导者设定界限很重要。他将界限定义为"你创造的和你允许的"。界限的概念可以应用于微观管理、责任追究或组织文化。对团队成员来说，设定界限很有必要，因为界限为沟通设定了内容。团队成员可以根据界定知道谁需要参加相关讨论。

设定界限可以让领导者说"不"，这样他们就可以专注于目

前最重要的事情。作为管理者，许多人认为除了上级的要求特别
不近情理外，所有要求都要回应"可以"。这样我们就得花费更
长时间、更努力地去完成工作。当你走到领导岗位时，你的工作
会变得更复杂。在同意某个请求之前，你要注意该请求是否符合
你和团队的既定任务，这关乎团队的生存。界限有助于磨炼你的
神经系统，让你拥有类似 GPS 的功能，使你专注于三个基本的领
导任务：

- 关注重要工作
- 减少无关紧要的事项
- 保持团队与时俱进、正常运行

整合团队

对于领导者来说，整合小组或团队力量的第一步是建立共同
目标，确保每个人都知道自己应该如何融入整体工作。我把这一
步称为"我们为什么在这里？""我们为什么要关心这些？"的阶
段。将个人努力与整体任务相结合，能够让每个人更容易认识到
什么是重要的，同时忽略那些不重要的，使工作沿着正确的方向
推进。如果跳过这个阶段，领导者就会浪费许多时间来重新规划
路线，让团队回到正轨。

西蒙·斯涅克在《从"为什么"开始：乔布斯让 Apple 红遍世界的黄金圈法则》(*Start with Why: How Great Leaders Inspire Everyone to Take Action*)一书中建构了"黄金圈法则"。领导者在采取行动或做出决定之前要明确"为什么""如何做""做什么"，才能唤起员工的激情，促使他们执行到位，进而实现目标。图 2.1 就是斯涅克的黄金圈法则。"为什么"位于黄金圈的核心位置，它让人们明白采取行动的目的和背景信息。"如何做"位于外圈，表示希望得到的结果或产品。"怎么做"位于中间层，用于连接黄金圈中"为什么"和"做什么"两个层面。这一层说明了把概念从愿景变为现实所需要的方法和原则。

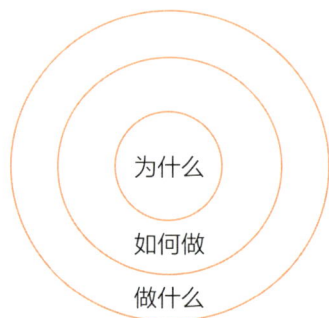

图 2.1　斯涅克的黄金圈法则

你接到过没有意义或是违背正常程序的工作吗？当你质疑指令的合理性或正确性时，下达指令的人有没有告诉你不要问为什么？你怎么去完成的任务？锻炼强大的沟通技巧，避免出现以上情况是斯涅克黄金圈法则概念的基础，也是平衡"做什么"和

"为什么"的重要方面。人们需要明白他们如何融入组织的愿景目标。你没有必要承受老板的训斥，因为工作被延误并不是你的错。但真实情况是什么？为什么手头的工作很重要？人们在"为什么"这一层弄清愿景，就会通过工作标准、指导方针和工作程序创造出最终的工作成果。

领导者必须相信，团队成员靠技能、认知和动力去完成工作，实现共同使命。缺少任何一项，领导者都有责任去填补。如果缺少技能，领导者要安排培训或指导，确保团队成员获得必要技能。

如果有成员不明白他们在实现最终目标中所起到的作用，你就要好好反思你的沟通技巧和你所分享的信息。如果成员缺乏动力，你就要和各相关方展开讨论。解决的办法可能很简单，但也可能是深层问题的表现。切记不要让这些积蓄已久的问题在团队中继续恶化，因为这些问题往往会在最不合适的时候爆发。

组织层次模型

图 2.2 是组织层次模型。这个模型成立的前提是，每个组织都是由不同的实体组成的。这些实体可能重叠，也可能不重叠。圆锥体代表着覆盖整个企业（组织）的一把"伞"。各种不同的实体球在一起构成一个组织的多个方面。第二个圆锥体内依次增大的三个球代表组织中每个实体的三个领导力层次。最里面的核

心层代表领导者的首要工作。第二层代表领导团队的首要工作。第三层代表组织内所有成员共同的首要工作。该模型可以随着组织层次的增加或减少进行调整。

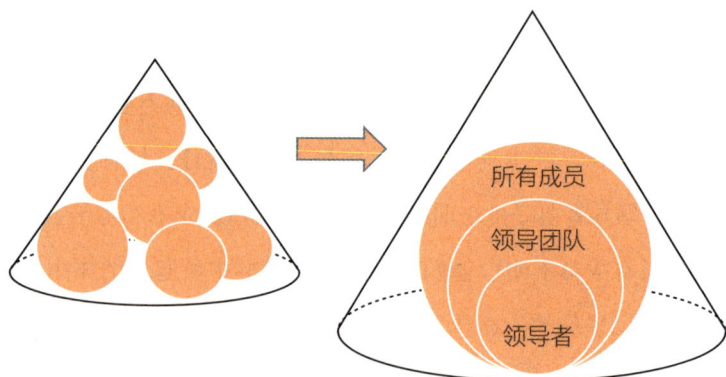

图 2.2　组织层次模型

图 2.3 表明，领导者在统一小组愿景和目标时就需要思考每一层的首要基础工作。核心层的主要内容是领导者如何看待自己

整体	● 重点目标 ● 整合目标
小组	● 共同特性 ● 共同优势
核心	● 内部观点 ● 外部观点

图 2.3　统一团队愿景和目标

内心产生的内部观点，如何看待团队成员提出的外部观点。中间层说明领导者要综合领导团队的各种优势和技能，创建共享团队，发挥每一个人的优势。在最外层中，领导团队一起整合工作目标，协调实体组织内各小组的工作重点。在该模型的这一层级，组织中各小组的工作任务要与总目标协调一致。

思考练习

选择一个你工作的组织作为职业生涯或个人生活的一部分。

假设自己在内部核心层，用组织层次模型画出这个组织的架构。

简要说明这三个层次中每一层次的任务和目标。

这三个层次之间如何协调？

如果在高层次组织（圆锥体）中有多个实体，各个实体的不同任务如何与主要的伞形组织的目标保持一致？

领导者必须从不同层次不断地考虑潜在的结果。当来自多个实体的人在一起工作时，原本看起来简单的情况可能会变得非常复杂。从本质上讲，领导者就是组织中的 GPS，能够识别障碍，迅速改变计划，以最快的速度实现预定目标。

领导与放权

一些管理者发现放权并不简单。要么是员工数量不足无法放权，要么是他们认为自己可以更快地完成任务。还有一些管理者害怕放权，因为这样他们就无法把控工作结果。事实上，在这种时候，利用他人的优势能够提高工作效能。

管理者可以通过个人的努力取得成功，但是领导者只靠个人努力却不能达成愿景。他们必须会放权，并协调各方面的力量，才能实现更大的愿景。团队就像一个"村庄"，从"村民"身上收集到的力量和能量就是领导者的超能力，可以激励团队实现似乎无法达成的目标。

在这个比喻中的村庄里，成员会根据情况需要扮演各种角色：有时候带领别人工作，有时候听从别人的安排，还有时候自己单独工作。下面的思考练习要求你对比自己独立工作的经历和与一组人共同工作的经历，并思考自己成功的经验。

思考练习

讲述一下最近你作为团队成员参加的一个项目或活动。

列出其中你单独完成的任务。

列出你作为团队成员完成的任务。

这两种类型的任务有什么不同？

在这两种不同类型的任务中，你都付出了怎样的努力？

有哪些技能是你单独工作时不需要，但在团队工作中需要的？

与他人一起为共同的目标努力会让人充满激情，但也可能会令人感到沮丧。你喜欢独立承担任务还是喜欢团队合作？当你回想起与一群人一起工作的经历时，你认为自己更喜欢哪一种？如果你曾经有过充满激情的团队合作经历，想一下是否每个团队成员都能清楚地知道自己的角色，以及各种工作之间的相互联系。如果你经历过令人沮丧的团队合作经历，想一下团队中的每个人是否都朝着不同的方向努力。

付出者和获取者

一般来说，出色的领导者不管有多忙，都会花时间停下来倾听他人。他们宽容大度，乐于接受建议。亚当·格兰特（Adam

Grant）在《沃顿商学院最受欢迎的成功课》（*Give and Take*）一书中论述了为什么帮助他人可以获得成功。格兰特基于对人际网络和项目利益相关者之间关系的理解，将人划分为三类：①获取者；②互利者；③付出者。获取者很少关注他人的需求；互利者特别关注交换条件（我为你做事，你也得为我做事）；付出者乐于帮助别人，不求回报。

这三类人都能在不同的环境中利用自己的优势成为成功的领导者。事实证明，获取者在只有输赢两种明确的结果的情况下会获得成功。付出者长期在复杂的情况下工作，其领导能力会更强。有人认为这些优势形成的原因是：获取者关注当下的基本需求，而付出者会磨炼自己的才能，建立良好的人际关系，赢得他人的信任。

人们普遍认为付出者天生喜欢帮助他人，他们没有想到格兰特的研究结果是，表现最好的人往往是付出者；另一个极端结果是，付出者也可能是表现最差的人。而获取者和互利者表现居中。不同的付出者之间到底有什么差异会让他们的表现走向两个极端？格兰特在研究中发现，付出者的表现之所以有最好和最差两极之分，是因为个人对其成功所持的自利程度有区别，如图 2.4 所示。表现最差的付出者是无私的人，他们非常重视帮助别人取得成功，对自己的成就却不太在意。表现好的付出者是利他者，他们乐于帮助他人取得成功，也能在帮助他人的同时实现个人的既定目标。

高	低
利他	无私

图 2.4　自利程度

　　如果领导者是利他型付出者，则会重视与团队成员和利益相关者共同相处的时间，因为他们认为这样花时间是投资。他们在"付出"中建立了良好的人际关系，由此带来的未来价值将高于甚至超越"付出"行为本身。他们还知道，倾听他人的意见可以拓展自己的视野，同时也是对他人为实现团队目标做出贡献的一种尊重。

总结

领导力与团队整合

- 如果人们是为了实现共同的愿景而组成团队，就能取得成功。
- 卓越的领导者能帮助成员认清角色，建立相互联系，整合团队力量。
- 团队领导者的主要职责是做重要的事情，尽量不做无关紧要的事情，沿着既定的方向前行。
- 领导者不能凭一己之力完成任务，他们必须学会放权，通过协调多个小组的力量来实现既定愿景。

第 **3** 章

协作和对话的力量

小组完成任务要靠……

协作社区是……

对话更有力量来处理……

第 3 章
协作和对话的力量

团结就是力量

　　我从小就喜欢查尔斯·舒尔茨（Charles Schultz）创作的连环漫画《花生》（*Peanuts*），查理·布朗（Charlie Brown）和史努比（Snoopy）是书中的主要人物。作为家里五个孩子中的排行老四，我更喜欢莱纳斯（Linus），他有个性格强势的姐姐露茜（Lucy）。我还记得故事中莱纳斯问为什么他应该按照姐姐的吩咐去做，露茜说："有五个原因。"然后她掰着手指头一个一个地数，最后握成拳头。莱纳斯立刻听话地按照她说的去做。拳头是一个很好的比喻，说明团结在一起的个体比原来单独的个体更强大。就个人而言，我们就像一只手上的五根指头，每一根都有独特的指纹和灵活性。但是，当五根手指攥成拳头时，就会产生一个更强大的实体。

　　本书的书名受亚里士多德的格言"整体大于部分之和"的启发，说明不同的实体（人）结合在一起就会产生正能量，创造协同效应。卓越的领导者能帮助团队成员发现每个人与众不同的能力，把所有成员的努力凝聚成统一的力量，实现共同的愿景。

　　无论你参与的是一项社区活动还是一个复杂的全球项目，能否协作成功取决于如何评价彼此的贡献。团队成员尊重彼此的贡献是团队取得成功的决定性因素。项目失败通常是因为团队成员之间彼此不尊重，没有建立相互信任的基础。他们本应该花时间去了解其他成员能为团队增添什么力量，但却把精力花在了防备别人或在彼此之间树立壁垒上。

亚当·格兰特讨论了组织的复杂性，激发了他在其著作《离经叛道》（*Originals*）中的创造性和创新思维。他的研究发现，技能、潜力和文化契合度是组织在招聘过程中考虑的三个最重要的因素。事实上，参与研究的许多组织在做招聘决策时都将文化契合度视为最重要的因素。但是，格兰特提醒那些想建立创新型组织的领导者，不要仅根据文化契合度来招聘员工，因为这样招聘来的员工会把相似的思维方式带入组织，形成群体思维。他建议那些想建立创新文化的领导者在聘用员工时要着重看他能为组织文化多样性作出多少贡献。负责招聘的人应该考虑哪些特质和技能能够拓宽团队视野、促进决策多样化。

这就是协作的力量。把每个人的能力汇聚在一起，就能创造出远比个人独立工作所能创造的更大的成就。即使是超人，其产生的创造力和价值也无法和一群人的合力工作相比。

很多人团结在一起共同解决了挑战，这就是协作的力量。尽管协作能带来积极的结果，但领导者必须考虑到时间和精力的投入。

如果事情十分紧迫，领导者就不能采用协作的方式，而是要对决策负全部责任。但是如果时间充裕，而且有见多识广的成员参加，做出决策时就应接纳不同的观点。参与决策的人在决策过程中要承担相关责任。

思考练习

描述你必须独自解决困境的一次经历。

你开始的时候是怎么想的?

结果如何? 你是怎么做成的?

描述你必须参加团队才能解决困境的一次经历。

你开始的时候是怎么想的？

团队中其他人有什么反应？

结果如何？你是怎么做成的？

在每一种情况下，会产生哪些不同类型的成就？

作为团队的成员共同应对困难通常比独自解决问题更容易。确实，合作过程中避免不了冲突，有些事情也需要进一步讨论，但是，一些看似"浪费时间"的事情往往能引发创新性的解决方案。

责任文化

当人们聚成团队在一起制订解决方案时，会讨论期待、权利、责任等内容，如图 3.1 所示。经验丰富的管理者会界定期待的范围和要求，权利则由监管和立法部门界定，责任对于正在经历重组的团队来说更加难以具体确定，因为不同的人身上会表现出不同的工作文化和经历。组织的责任文化通常用控制、责任、训诫、独立、决策等术语来描述。

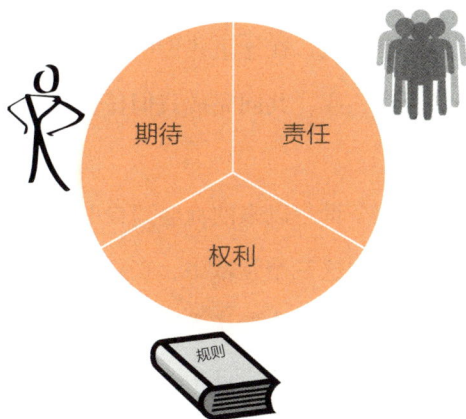

图 3.1　责任文化

严格死板、严密监控的组织文化以训诫和控制为核心。鼓励个人承担责任，支持民主决策的协作团队才是成功的。衡量成功领导者的一个标准是，新组建的团队能在多大程度上一起工作，以适应团队自身的文化，满足团队不断发展的需求。

建设有责任感社群

乔纳森·萨克斯（Jonathan Sacks）在《我们共同建设的家园：重建社会》（*The Home We Build Together: Recreating Society*）一书中谈到了责任文化。他开始写这本书是因为"9·11"恐怖袭击后引发了一系列全球事件。当时，他目睹了英国在推进多元文化方面所取得的成就开始遭到破坏。他对此感到担忧，认为这是社会的退步。他提出了这样一个问题："为了追求共同利益，我们如何一起重建生活秩序？"他在书中首先对"社会"进行了定义，他认为社会是"一个领域，在这里我们所有人比任何一个人都更重要……我们聚合在一起，共同完成我们任何一个人都无法单独完成的事情"。

萨克斯在探索几个世纪以来的社会建设时参考了历史学、政治学和神学的观点。在这三个领域中，责任和选择自由都是占据主导地位的主题。最初，萨克斯认为责任是个体的一种选择，个体的小决定会对社会产生影响。后来，他把研究内容扩展到全球社会，探讨不同群体之间如何相互联系，建立大型的、复杂的社会。在这样的社会中，人们更加尊重差异。

他创造了**"责任文化"**一词对不同的团体进行分类。为了促进社会变革、建立社会秩序，每个团体关于个体和群体对团队成员和外部人员所承担的责任都有不同的界定。以个体为基础的文化将个人与外界隔绝开来，所有的决定都以自我为中心。以家庭和部落为基础的文化对内部成员如何相处制定具体规则和界定责任，对待来自群体外部的人单独制定规则和界定责任。

萨克斯的分析认为，最成功的多元文化变革推动者是在责任文化团体中工作的人。他们认识到，只有把力量汇聚在他们能控制结果的领域，才能建立一个新社会。从本质上讲，人们只需为"内部变革"负责，不用考虑"外部变革"。21世纪存在的问题是，我们如何适应"我们与他们"的对抗心态，让来自不同背景的人们跨越隔阂、一起工作、承担责任，从而形成一种集体力量，促进建设性变革，助力共同目标的实现。

思考练习

描述一种情况（有关教育的或专业的）：你是小组众多成员中的一员，来自另一种文化背景的人被分配到了你的小组。

你们是如何欢迎这个人的加入的?

有人不欢迎他吗?

你如何描述小组所展示的责任文化?

描述一种情况:你作为一个"外部人员"进入一种新文化。

你首先想到的是逃避、融入还是坚守差异？

你周围的人如何对待彼此的"差异性"？

有人给你提出过建议或邀请你参加社交活动吗？

多长时间以后你不再感觉自己是"外人"，而是变成了小组中的一员？

当人们建立某种社群时，参与的成员并不总是拥有相同的责任文化。他们原来的经验和传统会有差异。人们发现，小孩子比成年人更容易"融入"社群。是什么让小孩比许多成年人更容易接受自己与他人的差异？也许是因为他们的生活经历少，没有先入之见。这让他们更容易信任别人，能更快地找到共同点。虽然成年人之间很难在运动场或球场上找到相同的乐趣，但是他们可以通过对话找到共同之处。

选择与对话

当人们承认自己在决策中扮演的角色，并承担任何相关行动所带来的后果时，他们就是负责任的。当然错误是不可避免的，一个领导者的能力够不够强，就看在错误发生时他们做了什么。有时，纠正错误的人不一定是犯错误的人。遇到这种情况时，你们组织里的成员会做何反应？他们是不是会说："不是我的错，为什么要我来解决？"还是他们会齐心协力，共同解决问题？勇于改正自己的过错，或者帮助他人应对挑战。

发挥领导力和担责任是人们做出的选择。我在教授领导力课程时，我用了两个我从孩子那里学到的关于选择和责任的例子。第一个例子是我女儿三岁时发生的一件事。一天早上，我准备好早餐，正要端出去的时候，她把牛奶洒了。三岁的孩子把牛奶洒了是件很正常的事，所以我只是叹了口气，没有大声责备她，赶紧就去拿纸巾。艾米丽很不高兴，脱口而出："不是我洒的！"我在房间的另一边，问她是谁把牛奶洒了。她说："是我的手洒的。"要不是我想赶快出门，我可能会笑话这个三岁小孩的逻辑。我给她解释说，手和身体是连在一起的，而她的身体受大脑控制。所以，虽然她把牛奶洒了我不生气，但她需要承担责任，帮我把它擦干净。当有人想逃避责任时，我就会回想起那个早上，提醒自己一只手不可能独立工作，大脑必须告诉它要做什么。

　　我要分享的第二个关于责任和选择的故事是在我儿子十三岁那年发生的事。他曾患过两次非霍奇金淋巴瘤（Non-Hodgkin's Lymphoma），在十岁至十四岁接受了化疗。和许多被确诊罹患癌症的孩子一样，他想做一个"正常"的孩子。关于为什么他必须受某些治疗来对抗癌症这个话题，我们有过很多争论。我们还争论过为什么他得了癌症还必须完成学业。现在回过头来看，他和其他青少年一样，在开拓自己的生存界限。最近这段时间，他在为自己的成年礼做准备，这标志着他进入人生的转折点，他要开始承担成年人的责任了。准备工作中有一项是写一篇演讲稿，讲述他从每周律法课中学到的一个道理。他选择讲述一个人的故事，这个人选择在古老的教堂里给牧师当仆人。他谈起了这一部分内容，还谈到了自己作为一名成年人在做出选择时需要考虑的责任。他继续解释说："我没有选择患上癌症，但既然我已经患病，我只能选择我该怎么做。"说真的，当我看到他写的内容。俗话说得好，童言有道。这个少年明白，尽管遭遇不幸不是自己的责任，但他完全有能力把控自己的行为，让生活继续向前。

当不同群体的人聚集在一起时，每个人都会对自己的行动做出选择。心理学家谈论过战斗或逃跑反应。很常见的现象是，如果人们在一个新的工作环境中没有安全感，即使被分配了同一个任务，他们也会自动进入"我们与他们"的对抗模式。构建对立之墙得耗费多少时间和精力？然而，浪费了很多时间和精力之后，我们才终于解除警惕、放下偏见、开始对话，最后发现我们之间的共同之处远远多于差异之处。

布鲁斯·塔克曼（Bruce Tuckman）创建了"**组建期、激荡期、规范期、执行期**"（Forming, Storming, Norming, Performing）团队发展模型，准确描述了大多数团队的形成过程。我关心的是我们为什么要在激荡期浪费这么多时间和精力？对话可以帮助团队从组建期快速进入执行期，但它的作用被低估了。

发起对话能让人们在彼此尊重的基础上探讨分歧。对话是一种民主的话语手段，能够将潜在的对抗转化为理解和建设性行动。

思考练习

回想一下，在以下应用场景中，现实与你的预期不符的情况。简要地记下人、物或活动。

参与户外活动或郊游

开展新工作的第一天

与临时分配小组的第一次会议

这些场景中有多少是积极的经历，有多少是消极的经历？

在这些场景中，你需要应对哪些挑战？

这些不同的经历之间有什么共同之处？

你为每一种经历设定什么样的风险级别？

风险级别在哪些方面影响了你处理这类不确定事件？

对很多人来说，改变是很困难的，维持现状更安逸。如果你正在尝试改变，但发现有些人不情愿接受你关于改变的想法，那你就有必要发起一场对话，更深入地了解他们的恐惧和担忧。你可能会发现他们并没有完全了解你的想法。一旦他们的问题得到解答，他们就会支持你的提议。或者，你可能会意识到他们的不情愿是有道理的，他们会和你一起制订更好的解决方案。在任何情况下，进行对话都是十分重要的方法，它使各方都能够了解彼此的需求、愿望、优势和弱点，这样就能同心合力，实现共同目标。

用对话拉近距离

语言的共性使人们可以从对话中提取意义。语言是文化的一部分，文化通过词汇的用法、语境和语调来体现。美国作家本·马库斯（Ben Marcus）提出了一个有趣的观点，他写道："据说任何文学作品都可以归结为以下两个故事，要么一个新人猛然闯入，要么一个英雄开始远行。"当人们聚集在一起形成群体时，他们便开启了一段旅程。他们需要与自己不太了解的人相互依赖、相互合作。人们之间还没有建立信任，便要一同走向未知的时空，还有比这更可怕的吗？对话为互动提供了工具，让人们逐渐熟悉起来，一起成功地找到出路。

当人们聚在一起组成一个工作团队时，他们把各种专业知识、经验和行业术语带进了团队。人们惯用的词汇对不同的人可能有不同的含义，所以小的误解就可能演变成严重的对峙。大多数人都希望工作取得成功，他们只是习惯于用不同的方式开展工作，或使用不同的术语。如果工作程序和使用术语超出了他们的舒适区，他们就会担心自己收到负面评价或是被孤立。为此，美国项目管理学会和美国人力资源管理协会（SHRM）等专业组织开发了一套知识体系，为专业从业人员建立了一套关于概念、方法和术语的通用语言。

在南非长大的混血儿特雷弗·诺亚（Trevor Noah）发现，当互不相识的人紧盯彼此间的明显差异时，共同语言的作用就体现出来了。他会说几种语言，知道用对方的语言与之交谈有助于他最大程度避免麻烦。当地人和诺亚说话时压根不指望他能听懂，更谈不上让他用他们的语言流利地对话了。但诺亚毫不气馁，他用"同步广播"的方式准确地模仿他们的方言和语调，毫无违和地加入他们的谈话。听到一个看起来和自己不像的人用同样的语调说着一样的方言，他们感到非常意外。于是很快他们就开始和诺亚交谈，仿佛诺亚就是他们中的一员。

对话与虚拟团队

21 世纪的领导者面临的挑战是，如何团结、激励、协调那些不生活在同一地区，可能从未面对面接触过的人。管理者和领导者要学会更复杂的技能，来联系和协调分散在不同地理位置和时区的成员。多种语言和地区方言在全球工作场所中造成的差异会因线上工作方式进一步增大。团队就共同的工作程序达成一致，对彼此的专业术语有所了解后，这个问题就迎刃而解了。

卓越的领导者能够在分散的团队成员之间建立牢固的关系。身在异地的管理人员如何发现、共享、融合团队成员的优势呢？他们在异地怎么去激励员工、监控工作呢？在这样的工作环境中，领导者需要具备优秀的沟通技巧。如果团队成员了解团队任务，知道他们的工作对实现组织目标有多大的贡献，他们就不会因无法上报工作亮点而愁眉不展，预算、资源、计划等相关工作也可以同步推进。

一些团队成功地使用了即时通信（IM）应用程序，这些程序最早用于办公室闲聊，后来用于建立非正式团队联系。需要提醒的是，在办公室内交谈会干扰需要注意力高度集中的工作，同样，当一个人需要完全集中精力完成一项工作任务时，过多的即时通信交流也会降低其工作效率。在我工作的隔间里，我会贴一张纸条，表明自己不希望被打扰。同样，你的团队也需要设计一个图标或其他标识，表明我们在集中精力工作，而不是拒绝交流。

领导线上团队需要开展大量的协作活动。一个人建不成线上团队，只有通过每个人都参与的协作活动才能创建线上团队。额外花时间来建立信任对于提高个人满意度和生产力是值得的。

思考练习

描述一个你和一群身处异地的同事一起工作的经历。

你们是如何建立信任感的？

你们所在的团队如何进行沟通？如何跟踪工作成果？

作为这个线上团队的一员，你认为哪些方面最具挑战性？

　　领导者必须做有效沟通的榜样。耐心、坚持，使用各种媒介（包括电话）与成员直接进行一对一联系，这些都有助于建立有效线上沟通的范式。我曾在一家全球性企业资源计划（ERP）公司工作，在与一位欧洲同事的谈话中，我发现一个软件的公开发行时间已经远远落后于计划进度。我们两个想出了一个解决办法，他借用了我的两名员工。跨越大西洋的两个团队共同努力，将原本预计延迟的九个月缩短为一周。如果我们之间没有建立线上联系，就永远不会取得这么大的成效。对领导者来说，对话这一方法的重要性再怎么强调都不为过。他们需要调解团队成员之间因误解而产生的冲突，无论这些成员共处一地还是在线上工作。

过度沟通

一些领导者向分散各地的团队成员发送多封电子邮件，造成"过度沟通"。如果团队成员没有按照要求做出回应，他们会生气，然后就开始进行"沟通轰炸"，联系更多不必要的人。如果你的员工在你提醒后还是没有做出回应，也请不要责备他们。花点时间查看一下你发送的信息是否清晰简洁？是否需要通读一段又一段的废话才能看到任务或要求？你是否使用消息标题行来简洁地标识主题？请记住，接收信息的人有不同的交流方式和工作方式，一定要让信息简单明了。你可以附上必要的文件，共享链接，或安排一次电话会议进一步讲明白。图3.2是一个清单汇总，这样有助于确保信息的清晰和简洁。

电子邮件的标题或议程的标题能说明交流的目的吗？你使用了什么方法让团队成员关注你的消息并确保能收到预期的回复？你有没有向员工提供了完成任务所需的背景信息（例如电子表格和以前的报告）？

```
┌─────────────────────────────────────┐
│          信息清晰要点清单            │
│                                      │
│  ✓ 概括性标题                        │
│  ✓ 讨论要点                          │
│  ✓ 任务安排                          │
│  ✓ 进度安排                          │
│  ✓ 适当的附件材料                    │
│                                      │
└─────────────────────────────────────┘
```

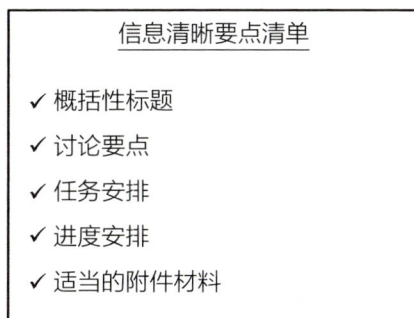

图 3.2　信息清晰要点清单

文化、对话、协作

交流和对话成功的关键是使用非判断性语言。真实、平和的语气有助于阐明事实和意图，同时能让你保持冷静。你们可以对任何观点进行讨论和评估，以达成某种建设性协议，使团队继续向前发展。善于倾听、尊重他人，愿意了解别人对于形势的看法，这对于在不同团队、不同地域和不同文化背景的人之间建立信任非常关键。

在我成长的过程中，"己所不欲，勿施于人"的黄金法则深深地烙印在我的心中，这是对他人的基本尊重。最近，我听到这样一个观点，我们应该考虑以用对方喜欢的方式来对待他们。由于文化、种族或宗教信仰的不同，我们认为有礼貌的行为对他人来说就未必了。来自不同组织文化的人按照适合他们的规约开展工作时，就会形成**"你先做，或你先不要做"**这样一种过于礼貌的局面。不过这样形成的尊重离培育信任、确保合力还差得很远。

"文化"一词既可以指个人的工作风格或组织的工作环境，也可以指民族或宗教规范。你是否曾有过这样的经历：感觉与他人合作困难，但又不明白到底为什么不能与他们融洽相处。自狩猎和采集时代起，就有因工作方式不同引发冲突的情况。因此，无论团队的多样性是因为种族、年龄、个性还是工作方式，领导者都需要帮助团队成员认识到彼此的优势，让他们团结起来，形成强大的团队力量。

如果你把自己设想为团队成员，你可以回答下面的问题，这有助于让你确认自己是否在一个文化兼容的组织环境中工作：

- 你是内向型的人，还是外向型的人？
- 你喜欢早起工作，还是在晚上工作效率更高？
- 你更喜欢事实，还是喜欢发散性的思考？
- 你喜欢通过头脑风暴找到解决方案，还是喜欢在讨论之前先思考所面临的挑战？
- 你喜欢通过科技手段与人交流，还是喜欢与人面对面交流？

在工作风格以及工作中如何与同事交往这两个方面，每代人的看法都是不一样的。

🔧 | 思考练习

回想一下有没有这样的经历：你认为某人不好相处，但在项目结束时你与他建立了职业上的友谊。

你对这个人的第一印象是什么？

是否有一个特定的时刻改变了你们之间的关系？

项目结束后，你怎样看待这个人？

工作风格会随着你的经历、工作环境、时间安排发生改变，也会因你在个人生活和职业生涯中所要应对的其他活动而改变。接受反馈是一种很好的方法，可以让你认识到自己的特质和工作风格，同时了解同事和团队成员对你的认识。

对话反馈

对话是双向的，人们通过对话总结思考过的各种方案，阐释思考过程。如果某人谈及对另一个人及其行为的感受，这就是反馈的开始。令人遗憾的是，反馈经常以单向信息输出的方式结束。如果提出反馈的人能够倾听对方提出的问题以及他们对误解的解释，反馈就会变成建设性对话。

让许多人感到畏难情绪的是去邀请别人分享他们的观点，对自己的想法进行反馈。要实现协作对话并不容易，因为团队成员之间的信任还没有完全建立起来。他们可能会害怕与从未共事过的团队成员分享信息，或者他们可能担心自己在新同事面前出丑。要想鼓励新建团队成员之间开展高效合作，就需要一个"促进者"来帮助团队探索各种可能性。图3.3所示的"SCHOLAR协作对话模型"是一种有效工具，可以帮助团队探索未知领域，寻求各种可能。

SCHOLAR是一个首字母缩略词，代表创造性解决问题的七个步骤。这七个步骤中的每一个步骤都能让你的团队不再采用最初的对话模式，即首先说明对"起点"的共识，然后制订解决方案，转变管理方式。实际工作情况的变化可能需要你不断完善解决方案。简单地说，你需要通过协作来重新调整最初的计划，确定最终的解决方案。

审视（Scrutinize）	当前的优势和劣势
联系（Connect）	拓展组织领域
凝练（Hone）	短期目标和长期目标
途径（Options）	头脑风暴、回顾和评估
利用（Leverage）	可用资产
责任（Accountable）	各自采取行动
完善（Refine）	适应和改进

图 3.3　SCHOLAR 协作对话模型

"审视"阶段鼓励你的团队对现状进行分析，记录下你们的有利条件和那些可能阻碍你们进步的因素。**"联系"**阶段鼓励团队拓展组织中其他需要专业知识或经验的领域。**"凝练"**阶段建议你把愿景分为短期目标和长期目标。一个个小目标的实现能够使团队成员获得信心，更加坚定地支持团队的最终目标。在**"途径"**阶段，你应该考虑实现目标的其他途径。一旦人们开始审视和评估其他途径，他们就可能放弃一些原来的想法，而从来没有实施的某个新想法很可能会成为绝佳的解决方案。**"利用"**阶段鼓励人们检查现有资源中哪些未被充分利用，哪些可以重新调整用途。

最重要的是，领导者要记住最后两个步骤。要对自己的行为负责，不居功，与团队成员共享所有的成果与赞扬。当工作成果不尽如人意时，不要把责任推给别人。要和其他团队成员一起把教训当作反馈，避免将来出现类似的错误。最后，要知道没有什么是永恒不变的。随着环境条件的不断变化，你要不断完善方案。要准备好帮助你的团队从错误中汲取经验教训、学会适应并继续前进。

总结

协作和对话的力量

- 卓越的领导者能帮助团队成员认识自己独特的能力，把所有成员的努力整合为协作力量，实现共同愿景。
- 一个团队能否成功协作，要看团队适应多元文化、培育集体责任、满足"社区"发展需要的程度。
- 对话能使团队成员避免无意义的对抗，开始了解彼此的需求、愿望、优势、弱点，同心合力实现共同目标。
- 协作对话是一个重要的过程，所有团队都可以通过对话来创新解决问题的方法。

第 4 章

构筑优势

矩阵团队能够……

不同的工作风格是……

协作工作空间确保……

法国古生物学家皮埃尔·泰亚尔·德·夏尔丹（Pierre Teilhard de Chardin）曾预言："即将到来的进化时代不是由身体适应力驱动的，而是由人类的意识、创造力和精神驱动的。"这句话语出惊人。他出生于由科学驱动的工业革命之初，见证了20世纪诸多重大发明，比如汽车、收音机、飞机等。在这个时代大家普遍认为，机器将推动人类的进步。然而，他却对人的能力充满信心。

皮埃尔·泰亚尔·德·夏尔丹（汉名德日进）在中国的学术生涯从他加入一支研究北京猿人的团队开始。他在研究中发现，身体适应和进化在人类早期发展中起到了重要作用。在研究中期，他转向哲学研究，探索现代人的思维过程。他特别感兴趣的是思想的交流如何推动了革命性的进化。他认为创新不可能在真空中产生。他通过研究证明，集体讨论是人类生存的核心基础。他以人的思考和辩论为中心设想了一个循环思维过程。一个人的想法基于另一个人的想法而产生，最后创造出一个全新的想法。

同理，领导者要善于发现具有不同工作风格的员工，利用他们的个人优势，创造出更大的成就。这样的成就仅靠领导者自己是做不到的。有些领导者认识到，阅历不同的人可以为解决挑战提出不同的方案，有些管理者则认为只有一种方案能解决问题。在这一点上，前者比后者领先了好几步。团队的成功取决于其协作讨论的能力。讨论能使所有成员分享自己的想法、了解他人的想法，调整自己的想法。在协作讨论中可以坚持、转变、重塑观点，产生创新性解决方案。

思考练习

　　讲述一下在你的个人生活或职业生涯中，你和其他人被意外挑战所困扰的情况。

　　是什么原因导致项目 / 活动停滞？

　　情况是怎么好转的？是一个人解决的，还是团队共同努力解决的？

这种情况可以避免吗？怎么避免？

从这次经历中学到了什么？

当团队再也没有标准方案可参考时，最好的想法就快要出现了。人们开始天马行空地提出不可能实现的方案，突然有人说："等等，这可能行得通。"于是，团队开始完善这个看似不切实际的方案，最终确定出一个可行的解决方案。

协作团队

为了实现高效协作，人们会尝试实践不同的想法，担任各种主导和辅助角色，所以团队成员之间的工作关系会随着时间的推移而调整。他们可能从未意识到自己，或其他人，拥有以前从未发现的技能和专业知识。一旦发现了，工作任务就会增加。承担这些非正式工作的人一般为以下几类：特别擅长在组织中建立关系网的人，策划庆祝活动的人，解决复杂问题的人，或者特别擅长记笔记、做编辑、核查事实的人。领导者需要关注这些工作变化，调整激励手段、认可度和成功指标，对团队和成员个人不断扩大的产出能力做出回应。

2015 年美国企业执行委员会（CEB）对 1440 名一线客户服务代表开展了一项全球跨行业研究。他们把在接待中心工作的人员划分为 7 种互不相关的人格类型，并对从事前台销售代表的每种人格类型确定了效度。该研究确定了 7 种人格类型：①掌控者；②稳定者；③适应者；④共情者；⑤苦干者；⑥创新者；⑦竞争者。不出意料，人数最多的一类是共情者（32%），他们被形容为有共情心的倾听者。而掌控者（15%）则被认为能够提供最有效、最轻松的客户服务。根据研究报告，掌控者持有鲜明的观点，喜欢展示自己的学识。简而言之，他们精于自信地告诉别人做什么以及怎么做——而他们自己也乐在其中。

就目前客户服务组织的关注点而言，美国企业执行委员会对一线客服代表的这一研究结果并不令人吃惊。这些数据很重要，因为本章中虚构的协作团队就是这些人员的缩影。表 4.1 对研究报告中提到的 7 种人格类型分别进行了解释。你可以在表中最右列的空格处填写你的团队中每一种性格类型成员的不同表现。表格最后增加了空白行，你可以填入团队中可能出现的成员特有性格类型。

表 4.1　团队角色

接待中心的工作人员角色分类	一般行为	美国企业执行委员会研究得出的百分比（%）	你的团队
掌控者	喜欢分享观点和主导团队活动	15	
稳定者	在任何情况下都能保持镇定乐观	12	
适应者	决策时参考他人意见，担任和事佬的角色	11	
共情者	善于倾听，乐于帮助他人解决问题	32	
苦干者	坚持遵守规章制度，严守截止日期	20	
创新者	乐于创造新方法来改进现有工作程序	9	
竞争者	关注目标的实现，把输赢看得很重	1	

　　每个团队都是由表 4.1 中所列的各种团队角色组成的。组织目标不同，担任不同角色的人员比例也不同。例如，以解决问题为主的销售团队中，应该有较大比例的"竞争者"。但这并不意

味着只有"竞争者"才能从事与销售相关的工作。每个销售团队都能从表中找到对应的成员，履行相应的职责。只有不同角色的成员都能从不同的角度分析问题，协作团队才是最成功的。

🛠 | 思考练习

回顾过去的 3 年，列出你曾经加入过的专业团队和个人团队。然后根据表 4.1，分别选出你在不同团队中扮演的角色。

根据你的回忆，在这些不同的团队经历中，这 7 个角色在你的同事身上是如何体现的？是某种类型的角色占很大比例，还是各个角色分布比较平均？

你最喜欢哪一种团队经历？为什么？

你最不喜欢哪一种团队经历？为什么？

你在每个团队中扮演的角色都一样吗？

在表 4.1 列出的所有角色中，哪个角色最吸引你？

在不同的团队中工作就会承担不同的团队角色。在长期项目中，随着人们不断获得多种技能，并承担其他调离人员的工作，他们的团队角色也会发生变化。下一个团队角色永远是最好的。每一个团队角色对团队来说都不可或缺。事实上，鼓励团队成员某一天去尝试担任其他角色，开阔视野、激发创新，对团队的成长是非常有益的。

文化与协作团队

斯科特·杰克逊（Scott Jackson）上校分享了一个有趣的美国陆军文化传统。按照惯例，初级中尉都会编入运作良好的工作单位。初级中尉通常会监管具有多年经验的士官。因此，年轻的中尉必须用实际行动证明自己值得士兵们尊重，而不能仅靠中尉这个头衔自动获得尊重。迎接仪式的第一步是宣布一个中尉被分配到该部队，然后"这个"年轻的中尉就到岗了。高级军官们都知道，当士兵们把"这个"中尉改称为"我们的"中尉时，年轻军官才能在部队内建立信任，完全融入集体中。我在美国电话电报公司（AT&T）和经验丰富的技术人员一起工作时也有过类似的经历。当他们不再叫我"苏珊"而是改称我为"施瓦茨"的时候，我就知道我被接纳为团队的一员了，因为他们只对信任的成员用姓称呼。给我取昵称表示他们承认我做得很好。

团队内部的信任文化决定了不同成员扮演的角色。一般来说，组织领导者所描述的文化可能不是人们日常体验到的组织文化。组织发展领域著名专家埃德加·沙因（Edgar Schein）认为，每个组织都有三种不同层次的文化，如图 4.1 所示。最上层的"人工制品"由宣传物品组成，是对外展示组织文化的标识。这类标识可能是员工间代代相传的故事，也可能是建筑物外观之类的图形。雕像、绘画，以及体现创始原则、促进文化形成的可视化语句等都是人工制品。

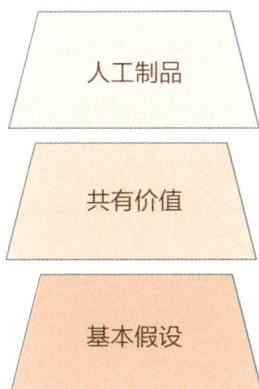

图 4.1　组织文化层次

沙因组织文化层次模型的第二层和第三层说明了从哪里能发现真正意义上的组织文化。第二层"共有价值"是组织认定的或即将认定的，包括组织战略、目标，以及组织开展商务活动的指导哲学。

第三层"基本假设"是组织内成员的日常体验。沙因认为，在这一层能发现管理层和员工对组织文化的无意识感知，这才是真正的组织文化。

真正的组织文化可能是积极的，也可能是消极的。你有没有发现，被认为不好相处的客户或主管经理往往具有别人不欣赏的品质和学识。那么，与他们沟通就变成了你学习和培养技能的黄金机会。还有一种情况：工作没几天你就发现，实际工作内容与职位介绍和面试过程中介绍的不一样。你接受过这样的职位吗？有人告诉你，你之所以被聘用是因为你的技能和创造力。但工作之后却发现，只有主管经理能提出想法。他发出明确的指令后，就不愿意再进行协作讨论。你遇到过这种情况吗？你发现了问题，并就此向其他团队成员寻求建议时，他们有没有告诉你不要多话，按要求做事就行？从最后这个例子可以看出，公司的标识或战略计划是什么并不重要，一个组织的文化是由小组成员共有的"基本假设"决定的。

营造协作环境

人们因为害怕被看轻或可能受到惩罚而不敢发言时，即使他们知道还应该考虑其他重要信息，他们也只会点头表示同意。他们只想安全地做事，不想去招惹那些想要主导讨论、掌控团队成

果的人。因为人们太害怕提出与最强声音不一致的意见而受到
报复，所以没有人再提创新想法来降低成本、改善运营或增加
销量了。

詹姆斯·德特尔特（James Detert）和伊桑·伯里斯（Ethan
Burris）指出，即使是最用心的领导者也会陷入一些常见的管理
陷阱，导致员工们即使有疑虑也不会发表意见。造成这种情况的
因素有两个：惧怕因素和徒劳因素。他们认为，如果领导者倚重
匿名反馈，就会诱发惧怕因素。尽管各个行业首选匿名的方式鼓
励人们公开、诚实进行反馈，但实际上它妨碍了人们通过开诚布
公的讨论去找到解决问题的方案。设置匿名意见箱并没有鼓励人
们畅所欲言，反而在人们的潜意识中形成这样的信息，"在本组织
中公开发表观点并不安全"。

他们发现，惧怕匿名反馈的第二个原因是，当人们把负面反
馈提交到意见箱后，管理层就会采取各种手段进行调查，找到那
个总是提出负面反馈的人。由此一来，员工们以后再提出负面反
馈时肯定会反复思量。

惧怕匿名反馈的第三个原因是，反馈者没有机会详细说明自
己的意见，所以其他人不了解问题的根源，可能会断章取义，造
成更大的问题。还有一种情况是，员工匿名投诉管理者的不当行
为时，组织无法采取适当的措施来纠正这一行为，因为负责人力
资源的监察员在采取措施之前必须与当事人谈话，才能启动正式
调查程序。如果该投诉内容非常具体，管理者就能找出投诉人，

也可能会采取变本加厉的行动对其进行报复。

还有其他可能造成惧怕因素的情况。比如，有些管理者嘴上说他们接受各种意见，但如果涉及他们牵头或积极参与的项目，他们并不会考虑任何人的意见或反馈。肢体语言也可能阻止人们提出反馈意见。两位作者建议，管理人员要知道什么是"权力"姿势。比如，领导者倚靠在宽大的办公桌后面的椅子上，看起来是给员工营造轻松的氛围，实际上是建立了权力的分界线——像是站在一条河的两岸，这样就不会促成协作、平等的对话。如果大家围坐在桌子旁，每个人都坐在相似的椅子上，就会促成更加开放的讨论。

人们花时间提出了想法和建议，却发现自己的想法在最终报告或演示中根本没有被采纳，也没有收到任何解释，他们就会意识到自己的努力没有意义。可能不采用这些想法的确有充分的理由，但如果不向这些人解释说明，他们可能以后就不愿意再提出想法和建议了。这就是两位作者所说的徒劳因素。有时管理者会说，员工提交的方案与要求不符，但又没有时间对其进行纠正，所以就直接不采用了。管理者一定要给员工提出具体的要求，如果可能的话，还要用范例来说明想要的格式，以确保员工提交的方案可以被采用。最后，两位作者还提醒到，管理者如果没有资金来落实方案，就不要让员工去思考新的想法。这些徒劳的努力增加了员工的工作负担，很容易让员工无法专心去做更多有价值的工作。

　　管理者和领导者可以通过日常交谈了解员工反馈的内容，促进建设性反馈文化的形成。人们会习惯性地相互交流想法，也不会觉得不自在。两位作者还提出了其他几条建议：当工作重点或预算发生变化时，要向员工说明。你可能认为，对于必须做出改变的工作，不需要向员工说明具体细节。但一定程度的公开细节有助于减轻员工的徒劳感。在会议上讨论组织遇到的挑战，会让员工相信你已经尽力表达了他们的观点和担忧。无论是汇报中不采用某个图表这类小事，还是停掉一项重要工作这样的大事，如果管理者和领导者都能花时间通过建设性谈话去进行解释说明，就能让员工知道他们本人和他们的工作是受到欣赏和重视的。

思考练习

　　选择一个你曾经工作过或当过志愿者的组织。根据沙因的三层次组织文化模型简要概述该组织的文化：（1）人工制品；（2）共有价值；（3）基本假设。

这三个层次是否一致？如果不是，那么在哪层发生了脱节？

三个层次一致或不一致对你的工作有什么影响？

根据你的思考，领导者如何抑制或促进团队成员的惧怕因素和徒劳因素？

最成功的组织领导者会努力确保公开宣传的品牌文化与内部执行的商业惯例、价值观念和运行程序相一致。当这三个层次一致时，员工就会受到鼓励，保证最小的操作细节符合组织传达的信息和使命，从而使工作场所充满活力。

矩阵团队文化

要想整合原来互不相关的各类组织，第一步就是使用矩阵组织结构。这一步有可能给组织带来更大的变革，为领导者提供巨大的机会。此时面临的挑战是：现在的文化由各类组织带来的文化共同组成，如何将其与被称为"我们想达到的"理想组织文化保持一致？一个常见的管理错误是忽视两者之间的差异，认为每个人都会立刻适应新文化，并自豪地穿上新的公司制服。员工不是机器人。希望掌控自己的命运是人类的本性。只有受到影响的员工把自己看成组织的一分子，才能实现最成功的变革和融合。领导者不一定要自己去推动变革，他们可以授权他人来启动必要的变革，使团队达到预期的目标。

组织整合的第一步往往从使用矩阵组织结构开始。这种组织的成员是主管经理从组织内其他工作小组**借调**的。通过**借调**人员，组织可以引入各种经验和观点，帮助管理者以最小的成本和最简单的方式驱动创新。但是把不同的工作小组融合在一起很不容易。比如，在优先权这个问题上大家持有不同意见，员工会站在直属上级这一边，还是站在绩效考核负责人这一边？简而言之，矩阵式团队领导者承担着全部责任，但没有任何权力。

对所有相关人员来说，在矩阵团队中协调各种复杂关系是现实存在的挑战。领导者必须协调好各种性格的成员、多种组织架构，以及不同的考评方式，才能培养出步调一致的团队。成功的矩阵团队领导者要让每个人的目标与小组目标、组织愿景保持一致。他们必须辨识不同的工作方式，尽量减少竞争目标，同时进行资源协调，并加强沟通。如果他们能够实现这种微妙的平衡，那么矩阵团队的统一性就会带来更宽广的视角和多样化的经验，这对组织和所有成员来说都是非常重要的。

沟通型工作方式的多样性

工作中的许多困难都源于误解。当人们处理人际矛盾时，会发现造成冲突最主要的原因通常是不同的沟通方式和心理预期。能够辨识并适应他人的沟通方式是所有成员的基本技能，在矩阵式组织中工作的人尤其需要具备这种技能。

现在有很多种职场评测体系和分析工具，可以帮助团队成员了解彼此的工作风格，促进沟通，提高生产力。最受欢迎的评估工具是迈尔斯－布里格斯类型指标（Myers–Briggs Type Indicator）、情商量表 2.0（EQ–i 2.0）和 DISC 个性测验（DISC）。DISC 个性测验将人分为四种类型：①支配性；②影响性；③稳定性；④服从性。表 4.2 从沟通交流的角度介绍了传统的 DISC 个性类型。如果你不熟悉 DISC 个性测验的详细内容，可以读一下前四行，这有助于你确定自己和同事的不同工作风格。后四行比较了不同个性类型的沟通方式偏好和需求。

通过了解同事的缺点和担忧，你可以按照表中最后一行的提示，采取支持性的行动。你甚至会发现，如果你能够调整沟通方式，更好地满足他们的需求，即使你那难以相处的老板也变得很好相处了。

表 4.2　DISC 沟通风格

项目	支配性	影响性	稳定性	服从性
价值	胜任力 具体结果 行动力	指导 建议 自由表达	忠诚 助人 安全感	优质 准确
动力	获胜 竞争 成功	社会认同 团体属性 人际关系	合作 助人的机会	获得知识 展示专业技能 完成高质量工作
优先级	接受挑战 采取行动 取得立竿见影的成果	采取行动 开展合作 表达热情	提供支持 开展合作 保持稳定	确保准确性 保持稳定
特征	直接 严格 有力 坚决 快速	令人信服 有魅力 热情 可信赖 乐观	镇定 有耐心 有预见性 从容 稳重	细心 谨慎 有条理 灵活变通 准确
缺点	缺乏耐心 多疑	冲动 缺乏组织纪律性	优柔寡断 过度迁就他人 有逃避倾向	吹毛求疵 过度分析 自我孤立
担忧	被当成弱者	丧失影响力 受到反对 被忽视	失去稳定性 改变 得罪他人	挨批评 做错事

项目	支配性	影响性	稳定性	服从性
沟通方式	坚守底线简明扼要，突出重点	分享经历提出问题	态度温和明确期望一定的解释时间	注重事实尽量减少"动员"谈话有耐心和毅力
需要他人做的	权衡利弊计算风险研究事实慎重思考了解别人的需求	关注事实直言不讳方法条理全程跟随	随机应变处理多种任务向别人施加压力发挥灵活性应对不可预知事件	分派任务快速做出决定鼓励团队合作

　　我属于影响性的人，思维模式就像蜘蛛织网一样。我做过很多种工作，很想把这些经历分享给大家。这些年来我服务过多名管理者，他们都属于支配性的人。我20多岁时服务了第一个支配性管理者，这段经历对我来说不怎么好。回想起来，我当时希望他能调整自己的工作风格来支持我的工作。这个想法很不成熟，我为此离职了。在职业生涯中期，我又遇到一位支配性管理者，当时我自己也成了管理者，还有了孩子，所以能从更宽阔的角度看待问题。我认识到，我需要给这位管理者提出关键的决策要点，还要准备好支撑数据来回答问题。我意识到这位管理者的工作方式不同于我的工作方式，于是我就调整了自己的工作方式，尽最大努力去支持他的工作。于是，我的工作就变得轻松多了。

思考练习

根据上面 DISC 沟通风格表，你认为自己属于哪种工作风格？

思考一下你认为很难相处的某些人。你认为他们属于哪种工作风格？

你如何调整自己的行为来改变现状，从而有望改善你们之间的工作关系？

如前所述，矩阵团队要求领导者通过多维度视角来开展工作。一个人可能要向不同的管理者汇报不同的内容。同事和下属不同的工作方式进一步增加了矩阵团队的复杂性。无论你所在的组织是小企业、全球公司、政府机构、非营利组织，还是社区团体，人们的工作方式都会有所不同。关注并适度回应不同的工作方式和沟通需求，可以有效地激励员工做到最好。

工作方式与团队任务

人们可能有各自的工作方式，每个人也在团队中承担各种各样的任务。他们有时会带领别人做事，有时又会集中精力独立完成一项特定的任务。领导者要密切关注，确保每个团队成员承担的任务既能发挥他们的能力，又能促进团队发展，推动团队朝着指定目标前进。

工业心理学家梅雷迪思·贝尔宾（Meredith Belbin）提出了团队角色理论，根据团队功能分为三种任务类型：

- 行动型（Action-oriented）
- 社交型（People-oriented）
- 思考型（Thought-oriented）

承担行动型任务的是行动者，他们的任务是完成具体工作，实现既定目标。承担社交型任务的人在团队中有良好的人际关系，他们似乎总是知道哪些人认识能提供信息的人，或认识其他能帮上忙的人。承担思考型任务的人在团队中总揽全局，如项目专家、质量监督员和资源管理人员。根据项目性质和团队成员所掌握的技能，大多数人都会在不同的时间段承担这三种类型的任务。

如果把贝尔宾的理论延伸到领导力方面，就会发现每个人都在承担领导型任务，即使他们没有官方的正式任命。或者，被任命的领导者可能会发现自己承担着具体的"工蜂工作"。灵活性是领导者需要具备的一个重要特质。为实现既定目标所做的每一项任务都很重要，自我意识不能成为工作中的拦路虎。如果一项必要的任务需要团队中每个人的积极参与，那就撸起袖子加油干，按照要求完成眼前的任务。如果团队成员看到你也去做那些单调的"工蜂工作"，他们很快就会明白，那些原来在他们眼中毫无意义的任务有多重要，就会更加积极地努力工作，实现团队的共同目标。

我儿子卡尔就有过这样的经历。有一年夏天，他在马里兰州弗雷德里克的沃蓝达（Volt）高级餐厅跟着行政总厨布莱恩·佛塔吉欧（Bryan Voltaggio）学厨艺。这是佛塔吉欧开设的第一家家庭餐厅。卡尔上的是晚班，主要工作是做好清洁后关闭厨房。但第二天早上他还得按要求提前赶到厨房，对冰箱进行深度清洁，为新的一天做准备。不用说，卡尔不乐意干这样的工作。他早上赶到餐厅上班时，看到厨房里还有一个人，就是行政主厨兼老板布莱恩·佛塔吉欧。他们两个人一起完成了营业前的准备工作。卡尔认识到，深度清洁冰箱对经营一家餐厅来说至关重要，而不是能随便分配给其他员工的杂事。他们在擦洗时的对话让我儿子接受了一次不同寻常的指导。卡尔根据佛塔吉欧言传身教中体现的领导力为自己建立了一套标准，直到今天，卡尔还在用这套标准来要求他的总厨和经理。

🔧 | 思考练习

思考一下你最近作为团队成员所完成的工作。你在工作中执行了哪些任务，担任了哪些职责？

你能把这些任务 / 责任逐一归入相应的类别吗？

行动型：

社交型：

思考型：

再选择另一项你作为团队成员所完成的工作。在工作中，你执行了哪些任务，担任了哪些职责？

你能将这些任务／责任逐一归入相应的类别吗？

行动型：

社交型：

思考型：

你在第一项工作中担任的角色与你在第二项工作中担任的角色有什么异同？

你最喜欢担任哪种角色？为什么？

每个人在行动性、交际性和思考性任务之间转换角色对团队来说很有益处。这会锻炼团队成员多方面的工作能力，拓宽他们的视野，帮助他们开发新技能，与其他成员建立更牢固的关系，进而提高整个团队的生产力。

行为培训

一些组织对领导者进行考评的依据是看他们所培养人员的能力高低，以及已实施计划的执行情况。如果高层领导者号称自己对组织来说不可或缺，这就说明他们没有培养接班人。表面上，他们是不可或缺的，但实际上，他们却无法获得晋升，因为他们没有培养出接班人。

亨利·克劳德博士把领导者的角色定义为"能够创造各种条件，让人们可以发挥自己的智慧、天赋、感情、才能和精力来实现愿景"。优秀的领导者都是终身学习者，他们也会给同事和员工提供学习机会。他们帮助员工认识到自己不是那个小隔间里的个体，而是整体的一分子。

每当我回忆对我来说最有影响力的领导者时，就想起了他们帮助我思考如何解决挑战的时候。那时，我只想让他们告诉我该怎么做，但他们教我找到**真正**的问题所在，研究各种可能的解决方案。这样的经历对我来说才是珍贵的职场礼物。直接告诉我该怎么做可能更容易，但是，花时间指导我完成决策过程才是正确的做法。

约恩·维格·克努德斯托普（Jorgen Vig Knudstorp）担任乐高品牌集团执行总裁 15 年，当问及他对领导力最深刻的体会时，他回答说："感谢你们做了我从来都没有要求你们做的那些事情。经营一家公司靠的不是让员工按照你的要求做事，而是让员工自发地去做事。"他解释道："创设情境比控制更重要。"他的策略是规划愿景，创设环境，激发员工动力，让员工行动起来，实现愿景。这一策略非常成功，公司出现了转机，从负现金流状况发展为全球领先的玩具制造商。

以下清单会帮助你创设环境，激发员工动力，让他们行动起来，取得成功：

- 相互尊重，目标一致
- 敞开心扉，倾听真话
- 确保定期对话
- 倾听多方观点
- 善于提问，厘清事实
- 增进关系

从每一条中都会发现一系列问题。这些问题与你的工作环境相关，必须要认真回答。以下是一些有助于你思考的问题：

● 相互尊重，目标一致

你和你的团队成员知道你们的任务是如何与整个组织的愿景保持一致的吗？

你是不是带头尊重他人？你怎么处理团队中不尊重他人的行为？

● 敞开心扉，倾听真话

人们向你反馈的事情都是积极的吗？

你怎么处理负面反馈或员工关注的其他问题？

● 确保定期对话

你的团队多久开展一次非正式谈话？

你愿意接受建设性的意见吗？

● 倾听多方观点

你的决定可能会影响到某些人。你会和他们讨论行动可能带来的结果吗？

你在思考如何解决挑战时听取了多方面的意见。这样的情况最近一次发生在什么时候？

● 善于提问，厘清事实

当人们向你寻求建议时，你是立刻回答，还是先提出几个问题来确认自己听明白了？

在上次的团队会议上，你有多少次是先弄清楚问题再进行回答的？

● 增进关系

你上一次和团队成员一起喝咖啡或吃午饭是什么时候?

你上一次和其他部门或组织的同事一起喝咖啡或吃午饭是什么时候?

无论你是否有正式的领导头衔,是否有志于成为你所在领域内的顶尖专业人士,以上建议都可以帮助你与他人建立融洽的、相互信任的关系。一旦你在团队中打下了这样的基础,人们就会向你学习,仿效你的积极行为。这样你就会创造出一个积极协作的环境,将每个人的优势融入团队,充分利用每个人的独特视角。

总结

构筑优势

- 创新不可能在真空中产生。人们可以相互启发,构思一个从未实践过的场景。人类力量推动了技术的进步,而非技术进步推动了人类发展。
- 效率最高的团队由承担不同角色的人员组成,他们为团队提出不同的观点,保证团队运行。
- 团队内部的信任文化包括公开的组织形象,信奉的价值观念和商业惯例,以及无意识的组织假设。

- 建设性对话和定期反馈让员工意识到他们的工作被欣赏、受重视。
- 成功的矩阵团队领导者能识别不同的沟通和工作方式，尽量减少竞争目标，同时进行资源协调和沟通，使团队和组织目标保持一致。
- 领导者需要确保每个成员承担的任务既能发挥他们的能力，又能促进其专业发展，从而推动团队朝着既定目标前进。
- 领导者要创设环境，激发员工动力，让他们采取必要行动，取得成功。

第 **5** 章

重点与动机

矩阵团队能够⋯⋯

不同的工作风格是⋯⋯

协作工作空间确保⋯⋯

耐心与毅力

短时间内很难在不同群体之间开展协作对话，有效建构团队。形成解决方案之前也得经过多轮磋商。领导者的作用就是关注整个过程，确保员工保持积极性，沿着正确的方向推进工作。

与不同背景的人合作是一件非常有趣的事情。领导者面临的挑战是如何坚守自己的愿景，融合员工的优势，汇聚他们的能量。大家一起努力，成为更有能量的整体，这听起来像是一件无法实现的事情。实现这个目标需要投入大量的关注和精力。领导者必须不断搜集各种渠道的反馈，适应不断变化的趋势，调解冲突，提高团队的适应性，激发团队走向成功。通常，领导者每天都需要保持耐心，采用各种方法来确保员工保持积极状态，完成需要做的事情。

领导力——一个古老的故事

以下三种方式可以帮助人们保持积极性：①专注于重要的事情；②避免无意义的行为；③让所有人朝着一个目标努力，这是领导者长期面临的挑战。下面讲述的是一个关于激励型领导力的简单例子，这个精彩的故事发生的时间不详。据说在古代，巴比伦人攻克了耶路撒冷，摧毁了圣殿。获胜的将军命令以色列人准备好去巴比伦，他们将被囚禁在那里。圣殿大祭司遇到几个人从碎石中往外拖大石头，便上前询问他们在干什么。这些人郑重地告诉大祭司，他们打算把这些石头带到巴比伦重建圣殿，这样他们在放逐期间也有地方祈祷。大祭司没有赞许他们的做法，反而责备他们。他告诉人们，这些石头太重了，他们拖着石头很难走完之后的艰难旅程，他们应该为家人准备好食物和衣服。人们问："没有了圣殿，我们怎么祈祷呢？"大祭司说，他们要走很长时间，不知道在哪里休息，也不知道能休息多久，所以永远也不知道有没有一个可以用来祷告的封闭场所。他告诉人们，如果没有圣殿，他们可以聚集不少于10人一起祷告，这样就会创建一个神圣的空间。无论以色列人流亡何处，他们都能建立群体规范和行为，这和我们现代的线上团队很像。会议室和小隔间并不是人们能够一起工作的必要条件。让所有人都认识到相互合作的重要性，才是创建高效团队所需要的。

大祭司没有读过现代领导力指南，但他做到了：①让人们把精力放在收集生存必需品这一首要任务上；②阻止人们浪费力气去拖沉重的石头穿越沙漠；③提出了一个创新性解决方案，消除了人们对无处祈祷的担忧，帮助他们做了该做的事。

满足人和组织的需求

圣殿流放者的故事表明，让人们集中精力准备生存必需品，然后再解决更复杂的目标，这样的领导力特质才能经得起长期考验。马斯洛的需求层次理论模型是一个更现代的研究结果。在 20 世纪 40 年代中期，亚伯拉罕·马斯洛博士（Abraham Maslow）提出了一个需求层次理论模型。根据该理论，人们只有在低层次需求得到满足的情况下才能有**更高层次**的需求。马斯洛的需求层次理论模型通常用三角形或金字塔形来表示。图 5.1 是组织需求与沟通层次模型。该模型结合了马斯洛关于人类需求的五个层次和新人入职的五个需求层次。在马斯洛的五个层次中，人们必须在低级需求得到满足后才能迈入高级需求。这也是新人加入组织时要解决的五个需求层次。组织需求与沟通层次模型使用"谁、何

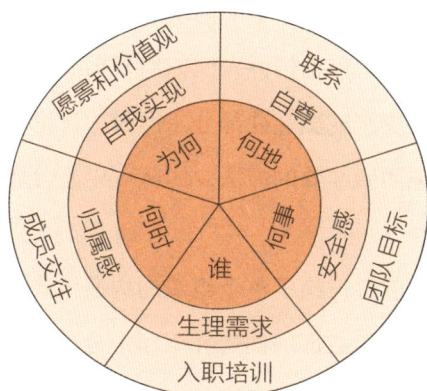

图 5.1　组织需求与沟通层次模型

事、何时、何地、为何"这样的视角，结合组织沟通需求，构建了不同员工、相关利益者和客户之间信息传递的框架。

马斯洛需求层次理论模型的第一层是人类的基本生理需求，包括氧气、食物、水、睡眠等。这些需求得到保证后，人们就会把注意力转移到安全、归属和自尊层次。只有人的基本生理需求、社交需要和核心自尊等要素得到满足后，他们才能开始努力发挥自己的最大潜能。

融为一体的组织需求与沟通层次模型首先关注个人（谁）和信息，一个人要成为组织中的高效成员就需要这些信息。有人会把这个环节称为入职培训，或新员工所需的基本岗位信息。他们的职责是什么？他们在哪里工作？他们怎么发工资？什么时候发？洗手间在哪里？这时候的重点是个人需求。如果没有任何疑问，就说明他们的个人需求得到了满足，下一步就是融入他们所属的工作小组（**何事**）。

组织需求与沟通层次模型中**何事**部分阐述了团队的目标和相关的程序。它包含的信息告诉人们如何根据变化调整特定流程和工作任务。第三层次**成员交往**部分（**何时**）讨论了个人的专业发展，提出了增强团队绩效的方法，团队可以充分履行职责，按时保质完成任务。

第四层和第五层讨论了整个组织的沟通模式。第四部分（**何地**）阐述了各个小组或部门如何在工作中分享信息。这一部分的目的是共享信息，帮助整个组织的人充分了解如何把个人的工作和部门的工作联系在一起。哪个小组需要什么样的信息？第五部分（**为何**）包括如何让每一个人都牢记组织愿景，牢记构成愿景的那些重要的价值观。

组织需求与沟通层次模型和组织层次模型（见第 2 章）有相似之处，因为全局性信息或"为何"能产生聚合作用，把组织的各个小组 / 实体凝聚到一起，共同实现最高使命。

领导者要了解团队成员主要关心什么，在向员工传递信息时要确保他们已经做好了接收信息的准备。领导者带领团队适应变革、渡过危机时，员工首先关注的就是那些基本生存条件。例如，如果公司宣布合并或重大重组，员工就要确认自己的工作能不能保得住，工资会不会降低。他们关心的下一个问题是他们什么时候、以什么方式与新同事一起工作，建立团队。员工确认自己在组织中的位置后有了安全感，他们的专长和创造力又有了用武之地，就可以和新老同事一起助力新组织达成使命。

思考练习

描述一下你突然失去了外界支持时的一次经历。

你的第一反应是什么？

接下来你想干什么？

你用什么方法解决了这一挑战？

你从这次经历中学到了什么？

反思经历过的那些困难后，你就知道该如何按轻重缓急的顺序满足各种需求，然后集中精力帮助他人度过具有挑战性的过渡期。你可以帮助团队和其他利益相关者把能力发挥到极致，因为他们知道自己没有生存之忧，对一起工作的同事也充满信任。

激励中的满意因素和不满意因素

人们进行了大量研究，想弄明白人为什么努力工作。有些人自己主动做事，还有些人需要外力推动。管理者可以使用各种积极或消极的激励方式指导团队完成预定目标。最有效的激励方法与激励者、环境和激励对象密不可分。对于如何激励不同的人，这个问题不好回答。领导团队就像当父母，他们会发现，对于相似的经历，第二个和第三个孩子的反应与第一个孩子不同。即使同父同母，生活在同一个家庭里，每个孩子也有各自的生理和心理结构，当然也有不同的需求和愿望。同样地，当你把具有不同文化背景和职业经历的人聚集在同一个工作团队时，任何一种激励型管理技巧都不能适用于所有的情况。本节介绍了几种理论，可以帮助你理解和应对可能遇到的不同情况。

20 世纪 50 年代，弗雷德里克·赫茨伯格（Frederick Herzberg）提出了"激励 – 保健理论"（Motivation Hygiene Theory），把激励员工的做法分为两种：满意因素和不满意因素。

加薪和分配任务这些看得到的做法可以用来吸引员工继续留在组织中，是不满意因素。这些用来鼓励不满意员工的"胡萝卜"很少让员工持续满意。加薪可能会让员工在短期内保持积极性，但不知道什么时候他们就会再次变得不满意，甚至离职。

满意因素是指与责任、成长和被认可相关的行动。满意因素不太显性，但却能让员工更快乐，工作更长久。对工作满意的员工也喜欢加薪，他们不会离职，因为他们觉得自己的存在对实现组织使命具有重要意义。

驱动大象——动机隐喻

丹·希思（Dan Heath）和奇普·希思（Chip Heath）兄弟俩在《瞬变：让改变轻松起来的 9 个方法》（*Switch: How to Change Things When Change is Hard*）一书中认为，人是由情感和理智思考驱动的。他们用"骑象人"这一视觉隐喻来说明，人被各种各样的刺激所驱动，这些刺激存在于大脑的情感和理智两个区域。骑象人与大脑的理智区域相关，能够通过清晰的指令把自身动力最大程度激发出来。大象与情感或"直觉"反应相关。大象和骑象人互相牵制，如果骑象人没有清晰的方向，他会一直带着大象兜圈子。另外，如果大象不想朝着某个方向行进，骑象人的催促再有道理也无法让大象前进。这个模型中还有第三个元素——希思兄弟把它称为"规划新路径"（Shaping the Path）。这一概念非常有用，它既鼓励了大象，又为骑象人提出了清晰的指令，使他们的旅程也变得更加轻松。

即使你没有监督权力或巨额预算，也可以使用"大象 – 骑象人 – 新路径"这一隐喻。这种灵活的方法可以让你应对不同工作风格的员工，带领团队取得成功。我用一个简单的清单来提醒你：

- 激励"大象"时用一个不可抗拒的理由。
- 引导"骑象人"建立清晰的目标规划。
- 规划新路径，辅助处理当前的情况。

这个三段式思考过程可以让你根据情况和需求的变化来调整激励方式。贯穿始终的原则是激励员工为了实现最终目标而努力。

思考练习

你认为你的动机需求是骑象人，还是大象？简要描述一种情况：你原来没有目标，后来领导让你有了理智或情感上的动机需求。

你的动机需求（骑象人或大象）是否会因情况变化而改变？你能简要说明一下是什么情况吗？

在某段时间，你或团队领导需要规划新路径来帮助团队保持动力。发生过这样的事情吗？请简要叙述一次类似的经历。

回想一下有没有发生过这样的事情：因为情况发生变化，你和团队为了实现既定目标调整了最初的计划。请问：谁来决定对方法／方向进行改变？改变后的计划是怎么确定的？团队成员对这一改变有什么反应？

在一个长期项目中，保持自己和团队的动力很不容易。不断变化的环境会让团队成员失去耐性。虽然项目完成的过程可能和最初设计的路线不一致，但是你的团队将会达成目标，留下一段共同的特殊经历。领导者要帮助团队成员紧盯最终目标，他们的努力对项目的成功非常重要。

高影响动力

管理利益相关者是 21 世纪商业领袖必须培养的最重要的技能之一。即使在医疗行业，处理人际关系和医患关系的技能也越来越受到重视，被列为医生培训计划项目的一部分。斯科特·马吉德（Scott Magids）和他的研究团队对影响客户行为的**情感动力**（emotional motivators）进行了研究。他们发现，成功的销售人员能"发现驱动客户买东西的情感，并与之产生共鸣"。当我读到他们列出的 10 个影响客户观念的高影响动力时（表 5.1），我发现职场上管理者和领导者在激励员工和项目团队时也面临许多相似情况。

表 5.1　对客户产生重大影响的高影响动力

我被下面的某种渴望所激励	可以利用这一动力来帮助客户
与众不同	设计一个独特的社会标识；有特殊性
对未来有信心	认为未来比过去更好；对即将发生的事情抱有乐观的态度

续表

我被下面的某种渴望所激励	可以利用这一动力来帮助客户
享受幸福感	感觉生活达到预期，心态平衡；寻求没有冲突或威胁的无压力状态
感到自由	行为独立，没有应尽义务或限制
感到兴奋	体验发自内心的、无法抑制的愉悦和兴奋；参加让人激动而有趣的活动
有归属感	与相关人员或他们仰慕的人建立联系；感觉自己是团队的一部分
保护环境	认为环境是神圣的；采取行动改善周围环境
成为自己喜欢的样子	满足不断自我完善的愿望；成为自己理想中的样子
感到安全	相信今天所拥有的明天还会存在；追求目标和梦想而无后顾之忧
成为人生赢家	感觉过着有意义的生活；找到超越金钱的价值感

建议与动机

人们一旦受到激励，开始成为积极的团队成员，他们就会去学习如何协作工作，建立同事之间的合作关系。他们通过各种各样"试水"方法来展示自己的优势，借鉴他人的才能。人们可能会觉得自己在"一边前进一边弥补",因为他们没有具体的行动方案或标准的操作程序可以参考。加入新的合作团队就要适应一些不确定性,他们得向管理者、同事和行业专家寻求建议。在这些正式和非正式咨询对话中,除了具体内容,鼓励也是很重要的一部分,会对寻求建议的人产生很大的影响,激励他们继续追求和探索。

提供支持,带领团队沿着既定的道路前进,这是协作团队领导者的主要作用之一。你遇到过下面的情况吗?你向团队领导者寻求建议,但他们的指导并不是你真正希望得到的。戴维·加文(David Garvin)和约书亚·马戈利斯(Joshua Margolis)在他们的文章《给予和接受建议的艺术》(*The Art of Giving and Receiving Advice*)中总结了寻求建议者(advice seeker)和提供建议者(advice giver)之间的一些问题。他们之所以写这篇文章,是因为他们发现当某人寻求指导时,最容易导致误解的因素之一是建议提供者在交流中的角色定位问题。

作为领导者,你会发现自己既是寻求建议者,也是提供建议者。很多时候,寻求建议的人心中已经有了答案,他们只是在寻求验证。他们会选一个与自己有相似经历和观点的人进行询问。这样咨询建议效果不佳,方案的弱点更突出,优点也被削弱了,其结果类似于近亲繁殖。寻求建议者可能没有意识到他们需要听取多方的建议,也没想到应该向那些有深度洞察力的人征求建议。一个建议者所能提供的最有价值的意见,就是他的洞察力,可以帮助寻求建议者找到最合适的人，为当前的问题提出既有广度又有深度的建设性意见。

加文和马戈利斯把指导分为四类：建议、咨询、培训和指导。表 5.2 根据寻求指导者在具体情况下所需要的指导类型，总结了提供建议者所担任的指导角色。对于建议型来说，你需要快速回应寻求建议者的问题，或者你能够帮他们找到其他能提供帮助的人。对于咨询型来说，寻求指导者通常希望得到建议来帮助他们制定原则，做出决定或采取行动。提供咨询的人不用提出具体方法，因为寻求者希望得到的是如何再进一步的建议，而不是关于具体做法的建议。通过你们的谈话他们可能会意识到，这条路比那条路更好。但这个结论不应该是你给出的，而是他们自己思考得出的。

表 5.2　提供建议者角色矩阵

类型	活动	预期结果
建议	探讨一个决策的各种方案	支持或反对具体方案的建议
咨询	就如何处理复杂或不熟悉的情况提供指导	了解和处理问题的框架或过程
培训	增强技能、自我意识和自我管理能力	任务能力；个人和职业发展
指导	提供机会、指导和保护，助力事业成功	一种致力于建立和维持个人效率和促进职业发展的关系

如果寻求者要求得到培训型或指导型指导，那就要与指导者建立一种持续的关系。这两种类型有时会有交叉，但它们是两种

截然不同的关系类型。教练会帮助寻求指导者熟练掌握某种特殊技能，例如，学习如何发表更有说服力的演讲。答应给别人当导师，则更多地意味着帮助寻求指导者发展职业关系，促进职业发展。导师会为寻求指导者提供职业发展机会，将他们介绍给自己关系网中的其他人，让他们受到关注。

无论寻求哪种类型的建议，提供指导者都有机会和责任提出一个寻求指导者可能从未考虑过的建设性原则。提供指导者可能是决策咨询人，他们会提出一些有见地的问题，帮助寻求指导者厘清思路；或者向寻求指导者提供信息，拓宽或加深对现状的认识，帮助寻求指导者更新观念。如果寻求指导者想要制订一个暂行计划，提供指导者应该仔细研究他们的设想，提出多种假定情况，为可能出现的后果做好准备。

思考练习

你向某人寻求一般性指导，指导者提出了具体行动方案，你又不同意这个方案。对此你会如何回应？

有人为了弄清问题向你提问时，你从中发现了其他视角。在互动过程中，你会感激还是抱怨？请予以说明。

当你想进一步弄清楚别人向你提出的问题时，你会怎么提问？

某人没有意识到自己需要提高某项技能，你应该如何开展指导？

从导师那里获得的哪些信息对你的专业成长和发展有益？

当有人向你提出一个具体的或是更广泛的问题时，你很有必要花时间确认是提供建议，还是提供咨询。在你很忙的时候，可能无法完全确定你提出的指导是否有用。你应该勇敢地去回访向你寻求指导的人，进一步核实他们是否得到了想要的指导。如果寻求者得到了需要的指导，他会因为你的尊重而感到高兴。如果你误解了对方的需求，就要向对方道歉，解释你为什么没有投入足够的精力，并主动约定一个时间继续讨论这个问题。

不同的人需要不同的激励

激励技巧不仅仅适用于你的直接下属。在不同情况下，你可能需要去激励各种各样的人，包括与你同级的人，还有比你职位高的人。无论是正式的还是非正式的领导者，都需要动用各种激励方法，确保所有参与项目的人都能够专注于目标，避免任何浪费时间的行为。同事之间的言语和非言语反馈对激励效果更为重要。同事会给你提出非常有价值的意见和建议。一般来说，你要根据不同受众的个性和经历来调整你的激励话语。

如果你想实施新技能培训，激励团队成员一起努力实现共同目标，你需要对不同的人实施不同的激励措施。一定有人热爱新的挑战，希望了解每一个细节。对于这些人，领导者可以去寻求他们的协助，帮助团队实现平稳过渡。有些人总爱拖后腿，面对任何新的或不同的事物时总是能找到消极的一面。领导者要帮助这些人了解变革能给他们、给团队和整个组织带来的好处。还有些人对重大变革感到兴奋的同时又焦虑不安。对于这些人，领导者可能要慢慢推进——每次前进一小步。另外，还有些人不了解变革会如何影响他们的工作。尽管这些人数量不多，但领导者也需要后退一步，从头解释他们要完成的具体任务与组织更宏大的愿景之间的联系。

把动机与价值联系在一起

如何成功地激励协作团队中的每个人，这个问题没有简单的答案。团队中不但有个性和文化背景各不相同的成员，还有来自其他部门的人员，以及拥有不同职场文化的合作组织。

扎卡里·王（Zachary Wong）是位经验丰富的项目管理专家，他在《项目管理中的个人效能》（*Personal Effectiveness in Project Management*）一书中分享了一个简单的矩阵，帮助人们根据四种常见的人格类型快速选择对应的激励技巧（表 5.3）。需要重点记住的是，根据一个人的具体情况和角色，可以很容易地判断他是扎卡里·王定义的四种人中的哪一种。这个工具很好用，你可以在团队组建之初用来更快地测评团队结构，确定使用什么方法来激励团队。

表 5.3　人格 / 激励方法矩阵

人格	特征	动力来源
理性者	客观 善于分析 技术型 富有逻辑	被挑战 感到被认可 有自主权
理想主义者	有亲和力 有爱心 有合作精神 充满希望	有目标 感到被尊重、被信任 合作
护卫者	有条理 勤奋 可靠 顺从	完成工作 感到被需要 感到被欣赏
技艺者	有创造力 爱玩 开放 善于自我表达	有行动的自由 感到独特而有力 受到表扬

　　在上述情况下，过往的经验可以帮你用观察的方式把团队成员所需要的各种激励需求进行分类。我唯一的建议是，不要根据成员的动机特征对他们进行明确识别和区分。你可以在与他们进行一对一交谈或在培训他们时应用这些知识。你希望他们把工作做到最好，这一要求不能改变，但你的沟通方式可以因人而异。

　　从本质上讲，作为一个团队领导者，你就是个销售员，想推销某种产品，就像推销汽车。不同的客户有不同的需求。你的工作是弄清楚你面前的客户是更关心安全、性能、样式还是价格。

一旦确定了他们的购买动机，你就必须相应地调整你的推销亮点。你的目的是让走进展厅的人把车买走，所以你使用的销售方法会略有不同。这与第 1 章中讨论的坐牛酋长的策略相似，他考虑了苏族各部落酋长的优势和利益，激励他们与自己的计划保持一致，从而打败了卡斯特将军。

你可以参考第 1 章中坐牛酋长的例子，为不同的团队成员制定不同的激励策略。赞赏别人不失为一个激励的手段。比如在一次组织会议上，你一边布置任务，一边谈论团队成员的优势或他们的职业发展机会。对理性型的露丝，你可以说："露丝，上一个项目中你在配置管理的要求方面做得非常好，我想让你负责……"艾萨克属于理想主义型，他在小组中表现最出色，你可以说："艾萨克，很感谢你发现了采购应用程序中的重要功能。如果我们按原计划在升级时将其删除，这将是一场灾难。你能带头配合管理人员开发终端用户培训功能吗？"对于护卫型的格雷格，你可以说："格雷格，我真希望你能监督每个团队的进度，确保我们能按计划推进工作。我认为你很有交际能力。我知道可以依靠你与团队领导层之间建立信任。如果你发现因意外导致计划或预算发生超过 5% 的变化，请你告知我。"最后，你可以跟技艺型的艾米说，"艾米，我想改变一下我们每周的进度汇报会。你能提出一些想法，改进一下传统的会议清单吗？"

思考练习

回想一下：有个管理者让你失去了动力。这是因为给你分配的具体任务有问题，还是因为分配任务的方式有问题？请予以解释。

描述一下：你接到了一个相对乏味的任务或项目。你是选择埋头苦干，还是想办法放眼大局？在这个项目中，你和管理层之间的关系怎么样？

如果你管理的人被安排了乏味的任务或项目，你该怎么激励他们努力工作？

我们很多人都是自我激励型的，对自己在工作中付出的努力感到非常自豪。但是，对那些始终表现优异、业绩突出的模范团队来说，其核心是善于运用各种激励方法进行激励。

总结

重点与动机

- 领导者必须不断监测所有可用的反馈渠道，适应不断变化的趋势，提高团队的适应性，激励团队走向成功。

- 组织需求与沟通层次模型使用"谁、何事、何时、何地、为何"的视角把亚伯拉罕·马斯洛的个人需求层次模型与组织的沟通需求结合起来。

- 要想让不同文化背景和职业经历的人协作，领导者需要使用多种激励方法。

- 在长期项目中，领导者需要采用激励方法来保持团队动力，让团队成员持续关注最终目标，坚信他们的努力对项目成功具有重要价值。

- 协作团队领导者的主要作用是提供建议、支持和指导，帮助团队保持正常运转。

- 认可并鼓励团队成员的独特优势。

第 **6** 章

不确定性让人成长

适应性会驱动……

失败有助于……

不确定性会提供……

纵观历史，许多领导人对于主动引领变革都会犹豫不决。有时是因为害怕，比如史蒂夫·沃兹尼亚克（Steve Wozniak）。他承认自己不想开公司是因为害怕。在乔布斯、朋友和父母的共同努力下，他才有信心离开稳定的工作岗位，全身心投入苹果电脑的研发中。还有一个关于米开朗基罗的例子。教皇曾连续两年请他在西斯廷教堂（the Sistine Chapel）的天花板上作画，均被拒绝，因为他认为自己的才能不足，无法胜任这样一个艰巨的任务。

有时候，其他人可能会发现你的潜质，激励你不断前进。但也有时候，你需要用全新的眼光来审视当前的形势，看看自己能做出什么贡献。还有些时候，团队中的其他人畏缩后退，让你站出来解决问题。有一天晚上，我和已经成年的女儿聊天，我让她说说是哪件事让她第一次把自己当成领导者。她提起了上九年级时某个晚上发生的事。她和 14 个好朋友打算先去一家餐厅吃饭，然后去参加高中的返校舞会。我们家有两辆大一点的轿车，便主动送她们去餐厅。我和她父亲、哥哥去了餐厅的另一个位置吃晚饭。我注意到她的几个朋友在查看其他女孩子手里的东西。原来，每个女孩都拿着一张 20 美元的钞票来买单，但是，餐厅不让她们分开付账。一个女孩点了一份牛排，另外两个女孩则分享了一份沙拉。在这种情况下，即使是经验丰富的注册会计师（CPA）也会感到为难。就在这时，我女儿主动站出来。她计算好账单，为朋友们做出适当的调整，还把要付的小费也计算在内。看到我过去，她很高兴，很显然，她也很愿意让我帮她完成最后的付款。她其实已经完成了大部分工作，只是需要有人帮她再确认一下。14 年后，她告诉我，从那以后每次和朋友聚餐，她们都指望她去计算账单。

那天晚上，当女儿主动上前，费尽心思付清了复杂的账目时，我为她感到骄傲。发生这样的事，孩子们的父母也（包括我）有责任。我们总是认为，自己的女儿头脑冷静、成绩优秀，她们买过电影票，和朋友在外面吃过饭，还购买过其他杂七杂八的东西，这次在餐厅结账也不会有任何问题。但我们谁也没料到，用一个账单结清 14 个女孩买的东西会这么复杂。第二年，这群女孩子还想一起聚餐、一起参加返校舞会，她们选择了一家提供固定价格、固定菜品的餐厅，菜单上有四种主菜可供选择。如此一来，她们每个人都知道要带多少钱。这次她们吸取教训，想出了一个解决方案，顺利解决了一年前没有预料到的复杂问题，轻而易举地结清了账单。

你有没有过这样的经历：你突然发现自己的处境很复杂，远远超出了你或上司的预期。你深吸一口气，开始应对各种挑战。在一天的工作结束时，我敢打赌，你肯定学到了很多，在不得不处理这些突发情况的过程中，你也获得了自信。这就是经验学习阶段的重要性。如果以后遇到类似的情况，你该如何降低风险，防止此类问题重复出现？

不确定性助推了个人的成长，因为它意味着你遇到了还没有解决的挑战；或者，已经解决了，但又遇到了新情况，或者增加了复杂性。发生变化是因为现状难以维持。没有人能预见未来，所以，正式的或非正式的领导者就要深吸一口气，戮力前行，面对未知。有时候，人们会觉得自己在独自前行中进步了。但是，如果他们建立了一支强大的、值得信任的团队，就不会觉得自己在孤军奋战。

适应性生存

如果缺乏领导力、实践程序和有效规划，复杂的变化往往变得更难处理。许多研究组织复杂性的学者把视角转向自然界来进行形象化描述，因为自然界充满了复杂的生物系统。斯蒂芬·约翰逊（Stephen Johnson）在《涌现》（*Emergence*）一书中描述了蚁群的工作方式，我发现位于地下的蚁穴在世界任何地方都是完全一样的。如何搭建蚁穴是蚂蚁 DNA 中自带的。每个蚁穴的布局都一样，生育区、食品储藏库、公共活动区和墓室的大小和位置都完全相同。另外，蚁穴里也没有明确负责监工的蚂蚁，这就让蚁穴的标准化建设更加令人难以置信。蚂蚁通过嗅觉进行交流，所有的工作都井然有序。

在关于变化的章节中提到过，蚁群的稳定性似乎令人费解，但这的确是**适应性生存**概念的一个完美案例。我参观哥斯达黎加（Costa Rica）的一个国家公园时，看到一排蚂蚁正扛着食物返回它们的地下仓库。我突然觉得小时候捣毁蚂蚁窝的行为是多么残忍。如果突如其来的外力打乱了他们规律的生活，他们会如何生存下来？答案很简单——坚持不懈。比如，如果一条建好的通道突然过不去了，遇到困难的蚂蚁会想办法开辟另一条通道，并留下气味，指明向左或是向右，方便后面的蚂蚁前行。在蚂蚁世界，没有明确哪个层次的蚂蚁来讨论变化的原因或做出什么选择。遇到阻碍的蚂蚁会利用本能来确定必要的路径，并继续前进。

这一经验同样适用于在 21 世纪寻求生存的组织。领导者必须学会识别不断变化的情况，对产品和服务做出相应的调整，在日益复杂的环境中谋求生存。事实上，变革正在成为许多组织面临的常态。

如果变化成为一种自然常态，人们该如何适应？有些人善于在变化中谋发展。有些人则更喜欢稳定，处理事情按部就班。问题在于人们如何在符合个人价值观和偏好的情况下控制自己的选择。想象一下，把一群有着不同经历的人召集到一起，告诉他们管理层经过深思熟虑后做出决定，要改变他们的工作环境，随之会发生什么？管理层会说，随着工作小组的重组、合并、拆分，员工会有更多的成长机会，每个人的角色会发生变化，也需要具备新的技能。

一般来说，令人不安的往往不是正在发生的具体变化，而是人们内心的不确定性。他们不知道在新环境中如何实现转变。人们可能需要调整心态，在不断变化的组织结构中找到自己的位置。他们需要时间和指导来重新调整聚焦点，校准他们的知识技能和价值观念。他们需要调整哪些行为才能在新环境中取得成功？他们需要磨炼哪些以前不需要具备的潜在能力？

⚙ | **思考练习**

你喜欢变化，还是喜欢稳定的环境？

当你发现自己处于非舒适区时，你有什么感觉？

你喜欢重复性的工作任务，还是你总是第一个主动接受特殊任务？

你最喜欢做什么家务？为什么？

认识到自己的不适是适应当前环境变化的第一步。"思考练习"中最后两个问题看似有些偏离主题，但如果我们的部分目标是寻求自我认知，那这两个问题就很有说服力。在我从业的大部分时间里，我都是在大型、复杂、长期的项目组工作。其间，有时我们确定要完成的指标还没完成就发生了变化。我在家最喜欢打扫浴室。在 15~20 分钟，我可以看到努力工作带来的闪亮成果。这样的任务有开始、有过程、有明确的结束。我就是用这种平衡疗法来缓冲每周工作不断变化带来的压力。

即兴与变化

毫无疑问，改变是完全混乱的。无论人们如何仔细地设计流程，都很难计划到每一个细节。改变会导致混乱。这对人们来说可能是一种轻微困扰，如人们说的"哎呀，我怎么忘了"，然后去解决；也可能是完全打乱，彻底改变那些在员工眼中看似完美的做事方法。在事情变得混乱，尚未找到可行的解决方案时，人们会引用尼采的名言："那些杀不死我们的，会让我们更强大。"

提姆·哈福特（Tim Harford）在《不整理的人生魔法》（Messy: The Power of Disorder to Transform our Lives）一书中论述了混乱带来的各种可能。他的理论是，变革带来的混乱可以促使我们深挖自身最深层次的潜能，想出以前从未考虑过的解决方案。如果转型过程相对平静，我们通过这个过程获得的创造力和坚韧性就得不到强化。

每当人们事后回忆起那些团队协作、头脑风暴会议和发挥创造力的时候总是感到振奋。团队成员一起解决了混乱，终于能坐下来评估自己的成就时，他们都松了一口气。他们经受住了变革过程的考验，身心俱疲。但是，他们拥有了意想不到的更强大的创造力和适应力。他们能成功很大程度上是因为他们利用了变化，也称为即兴。几乎在每一个例子中，人们开始制订解决方案时都想寻找类似的经验作为借鉴。他们知道自己要做的任务以前从未有人做过。但是，他们也知道，如果能找到类似的案例，就可以利用这些信息，进一步探索解决方案，成为更强大的团队。

艺术家用即兴创作的方法来激发创造力。他们选择一个简单的基本主题，利用几小节音乐或一系列舞蹈动作，创造了史诗般的艺术作品。在作品中，他们可能会向完全不同的方向发展，但最终肯定要回归到基本主题。这个主题就是他们的中心或称为北极星，为他们的创作旅程导航。企业领导者经常即兴发挥，因为他们不一定有时间进行深入分析。他们大体知道以前什么因素起作用，也了解当前的情况，于是就即兴想出了解决问题的办法。从本质上讲，即兴发挥就是即时创造，可能成功，也可能失败。

迈尔斯·戴维斯（Miles Davis）因他的爵士乐专辑《泛蓝调调》（*Kind of Blue*）而知名。这张专辑完全是即兴创作，在痴迷爵士乐的人群中备受推崇。戴维斯并不清楚自己想要什么，他只是靠着音乐家的天赋和经验来帮助自己确定基本旋律。虽然录音中出现了错误，但他花了不到 9 个小时，录了两次就完成了。最终的作品并不是戴维斯最初设想的那样，但它之所以成为经典之作是因为他在作品里注入了激情。与《泛蓝调调》不同，披头士乐队在制作专辑《佩珀军士的孤独之心俱乐部乐队》（*Sgt. Pepper's Lonely Hearts Club Band*）时录了很多次，一共花了 700 个小时。虽然两张专辑在开发、录制和制作方面采用了不同的方式，但都是大师级的作品。采用哪种方式要看创作者有多少时间可用，还有艺术家期望的控制水平。如果你的时间很少，但信任自己的团队，即兴创作就是个很好的选择。如果你是完美主义者，又有充裕的时间，你可以创设大场面，最大程度发挥你的控制力来完成作品。

在工作中，即兴创作往往发生在没有足够的时间进行规划的时候。有些人甚至更喜欢即兴创作，因为他们不一定有耐心完成有条不紊的准备过程。另外，喜欢控制全局的人很容易受挫。从迈尔斯·戴维斯和其他艺术家的案例可以看出，即兴创作侧重有限的、集中的（如果有的话）控制，这样才能让创作过程充满创造性。确定一种即兴方法是否有益，要考虑进度、预算以及需求的灵活性等多方面的因素。

和其他技能一样，只要勤加练习，即兴创作的能力就会提高。提姆·哈福特把学习即兴创作所需要的特质总结为以下 4 类：

- 练习、反思、专注
- 接受混乱、令人困惑的局面
- 专心倾听
- 放松控制，平衡风险

多加练习可以让人关注当下，思考某个结果会对你产生什么影响。一个喜剧小组从收集观众的话语开始，然后表演出一个相当有趣、有点复杂的短剧，你有没有注意到他们的进步有多快？数小时的练习帮助他们在彼此之间建立信任，获得一定程度的舒适感，他们因此可以放松控制，跟上场景的转化。即使某个喜剧演员更喜欢其他场景，他也必须跟上其他同伴已经开始的表演。如果他们没有专心倾听，就跟不上回应的节奏，或错失让观众捧腹大笑、留下深刻印象的机会。

🔧 | 思考练习

简要描述一个你曾遇到的困难，它让你变得更坚强、更坚韧。

你依靠什么技能来帮助自己在挑战中生存和发展？

回想一下你发现自己陷入困境的经历。在你不得不即兴回答问题的几秒里，你在想什么？

你会采取哪些步骤让你的团队做好准备，即兴回答出解决复杂情况的方案？

面对复杂情况时，首先至少深呼吸两次，目的是向大脑输送氧气，让自己能更清晰地思考问题，平复心情，在开始即兴设计解决方案之前集中注意力，应对当下的挑战。

变化悖论中的领导力

在充满变革的组织中，无论是即兴工作，还是制订周密的工作计划，领导者都需要引导和协调不断变化的多层次综合型组织。有时候，领导者想在获得短期利益和实现长远发展两种需求之间取得平衡，但可能发现自己处在各种不协调的矛盾之中。温迪·史密斯（Wendy Smith）和她的研究团队把这些多元处理法称为悖论式领导（Paradoxical Leadership）。通过使用即兴策略，领导者能够创造一种组织思维模式，让团队成员从传统领导者认为稀缺的同一组资源中创造出丰富的可能性。

悖论式领导者不会纠结于如何把固定的资源蛋糕越分越薄。相反，他们通过合作战略和资源重组的方式来实现灵活的结果，把蛋糕快速做大。因此，悖论就是——如何在资源相同、场景相似的情况下创造更多的价值？答案是成功的领导者会辨识并处理综合型组织每一个元素/层次的变化。这些元素/层次包括：

● 多元价值

- 多种贡献

- 独特优势

　　成功的领导者愿意接受变化和混乱，主动迎接机遇和可能。他们在指导团队寻求解决方案的时候，往往利用实验、批判性反馈和持续调整等各种方法。他们的秘密武器是借用即兴游戏"**是的，并且**"（*Yes, and*）的方式进行讨论。即兴工作小组玩这个游戏时，一个人先说一句话，比如："我们去海滩野餐吧"。如果第二个人想去爬山，也没关系，但他必须同意前一个人的意见，然后再添加其他信息。第二个人可能说："是的，并且我们会在路上停下来买火箭发射器，在天黑后使用它。"每个人就这样依次接下去，不断延展，最后形成完整的故事。

　　温迪·史密斯和她的团队把传统的领导方法归类为"**二选一**"型策略，把悖论式领导方法归类为"**二者都**"型策略。表6.1比较了这两类领导者的多种行为方式，将其分为两类：一类是作风一成不变、注重资源分配的领导者；另一类是寻找机会、提高当前资源价值的领导者。

表6.1　悖论式领导力矩阵

"二选一"型领导者	"二者都"型领导者
行为始终如一	行为始终在变化
做出战略选择	同时使用相互冲突的战略

续表

"二选一"型领导者	"二者都"型领导者
制定明确清晰的议程	寻找机会增加资源
权衡资源分配	设置灵活的时间范围
采用一成不变的组织角色	接受多种策略和角色
推广最佳实践	包容不确定性
保持简单化原则	从失败中吸取教训

思考练习

确定两到三个影响你工作项目的部门。概述不同部门间的联系。

描述一下你的工作与这些部门中相关人员的工作之间存在的相互依赖关系。

　　你能在流程、人员分配或部门结构等方面做出哪些改变来提高效率？

　　对于你提议的改变，你使用的是"二选一"型策略还是"二者都"型策略？

　　有时候，对领导者来说，最好的策略是采用传统的领导技能来推动团队实现良好绩效。但是，如果你要同时处理变化带来的各种问题，如多个中心工作、组织的复杂性、多重影响等，你可以考虑尝试一些悖论式领导策略，帮助你的团队消除困惑，克服不确定性因素。

变革、过渡、不确定性

几个小组或团队合并后，团队更不稳定，情况会更加复杂。用什么方法把这些人凝聚到一起？如何把不同的贡献汇聚成一体？各个团队有重叠吗？员工们可能突然要花时间应付两个管理者。各个工作小组之间将如何协商工作的优先次序？

这些变化不一定是负面的，而且很快就会成为新常态。因此，人们在努力重新调整自己的职业追求之余，开始关心原有的工作场所社交方式将会如何改变。每天的咖啡聚会、午餐休息和饮水间的八卦，这些惯例和传统会发生变化吗？他们将如何转变？对他们而言，非正式社交群体发生变化带来的影响，远远大于官方宣布的组织变革。

团队成员以及领导者在变革中工作，不断解决随之而来的不确定性，他们需要建立自信。斯蒂芬·海德瑞·罗宾逊（Stephen Heidari Robinson）和苏珊·海伍德（Suzanne Heywood）在他们的《重组：麦肯锡变革方法论》（*Getting Reorgs Right*）一书中引用了麦肯锡的一项研究，该研究就最常见的重组陷阱对 1800 名高管进行了调查。调查显示，重组失败的首要原因是员工抵制变革。为什么人们觉得变革如此困难？作者的研究表明，三分之二的公司重组后都会提高一些效益。既然变革能带来积极效果，为什么员工会产生抵触情绪？最简单的答案通常是，促成重组的使命、目标和过程没有通过有效的方式传达给员工。员工抵制变革

的其他原因还包括他们仍然对以前变革失败的经历记忆犹新。被
麦肯锡的研究引用的案例包括：

- 重组工作没有充足的人员、时间和金钱
- 受日常工作影响，员工个体生产力降低
- 组织结构的变革没有传达到执行层面
- 不可预见的后果（如提高信息化要求）妨碍了计划的实施

罗宾逊和海伍德建议，组织在设计重组过程时应采用有序的操
作方法，才能大大增加成功的概率。图 6.1 是建议采用的流程图，
借助这一流程可以极大提高重组的成功率。首先要记住的是，重组
不仅是人员的调动，公司业务也会发生变化。高管们需要首先制成
一份损益表。这样做付出了什么？有什么好处？带来什么机会？另
外，有什么风险？第二步是评估当前资源的优势和劣势。

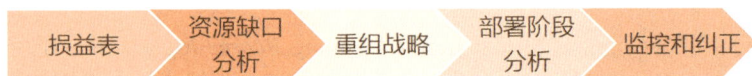

损益表　资源缺口分析　重组战略　部署阶段分析　监控和纠正

图 6.1　系统重组法双循环学习模型

差距在哪里？需要多少投资？需要再招聘员工吗？需要什么
样的内部培训？第三步是确定实施重组的战略。是采用自上而下
的方式，还是自下而上的方式进行重组？你有没有建立测试小组
进行初步测试，了解并调整方案，然后全面部署？第四步是部署

阶段分析，以确保在需要的时候有资源可用。第五步也是最后一步是认真监测重组过程，纠正错误，验证各种调整，修改重组计划，确保重组顺利进行。

很多时候，重组和其他类型的变革之所以会发生，往往是因为有人提出了一个好的想法，但在实施之前没有充分考虑细节，更没有制订什么计划。在尼日利亚有一个民间故事，讲的是太阳和月亮为什么挂在天空中。这个故事说明，不经过认真考虑就提出的想法会产生什么样的长期影响。

传说许多年之前，太阳和水是好朋友。他们一起生活在地球上，太阳经常到水的家里去串门。但是，水从来没有去太阳家串过门。一天，太阳问水为什么从来不去自己家串门。水回答说，他出门的时候所有的朋友都得一起去，太阳的家里太小，容不下所有人。太阳回家后就和月亮妻子开始建造大庭院，用来招待水和他的朋友。他建好后，就邀请水来串门。第二天，水就到了，开始涌入太阳建造的大庭院。不久，水和所有的鱼类以及海洋生物开始涌入院子。水问太阳，他和妻子是否安全。太阳很有礼貌，回答道："当然，非常欢迎你和你的朋友们。"水和他的朋友们继续涌入。很快，水位就达到了太阳的头顶。为了安全起见，太阳站在了椅子上。水再次大叫，问太阳和月亮是否安全。太阳和月亮很有礼貌，仍然对朋友的到来表示欢迎，他们回答说："当然，非常欢迎你们。"水一直涌入，太阳和月亮不得不登上了屋顶。他们觉得不让水和他的朋友进入他们的家是不礼貌的，所以就一直让水涌进来。最后，他们被迫升上天空，永远地住在那儿了。

太阳的本意是很好的，但他没有认识到水的浩瀚。水问过太阳和月亮他们是否安全，但他们太有礼貌了，不想撤回最初的邀请。这也是重组过程中可能出现的情况。最初的建议听起来很不错，但是发生了不可预见的情况后，没有人意识到变革会对最初的计划产生什么影响。一旦发生不好的结果，人们又会花很多时间指责对方没有预见到可能发生的事情。

⚙ | **思考练习**

回想一下，你向朋友即兴提出了一个建议，或在单位头脑风暴会议中提出了一个建议，如果大家认为这是个完美的想法，你一开始会有什么感觉？

你有没有试图阻止团队继续推进这个想法？

最终的结果是什么？

你现在回想起那件事来，有什么样的记忆？

头脑风暴会议非常适合用来帮助人们跳出思维定式。但是，任何想法都应该在经过审慎评估后向前推进。在一次会议我做了一件事，那是个**"要是能停下就好了"**的故事。本来在那次会议上要确定下一项新技术，还要围绕该技术开发课程。我提出了一个很难懂的方案，原以为每个人都会反对。但让我吃惊的是，他们竟然投票同意了。这简直是一场灾难。我们没有下功夫做好试点课程，结果没有一个人报名参加。这次失败在时间和金钱上造成的损失微不足道，但却让我得到了宝贵的教训，任何一个**"真正的"**好主意在进入实施阶段之前都必须仔细斟酌。

不确定性与适应

重组是企业在其生命周期中遇到的变革类型之一。和自然生物一样，无论是营利性组织还是非营利性组织都必须适应不断变化的环境才能生存下去。波士顿咨询公司（Boston Consulting Group）的高级合伙人马丁·里维斯（Martin Reeves）、普林斯顿大学生物学教授西蒙·莱文（Simon Levin）、波士顿咨询公司的助理咨询顾问上田大地（Daichi Ueda）合作发表了《企业管理的生物学原理》（*The Biology of Corporate Survival*）。在此文中，他们进行了跨学科研究，探讨了 21 世纪的组织如何做好准备，应对不可预测的环境风险，抵御可能导致其消亡的组织威胁。他们的研究认为，三个复杂的趋势增加了组织的不确定性和风险：

- 不可预测的商业环境
- 快节奏的技术革新和更短的整合周期
- 全球合作伙伴之间相互依存，本地企业对此几乎没有抵御之力

让作者担忧的是，当今的商业环境愈加复杂，组织没有能力认识和适应不断变化的环境。他们建议，如果组织希望提高自身的适应能力，他们应该期待意料之外的惊喜，但要减少不确定性。

领导者通过关注大环境可以辨识变革发生前的征兆。他们建议，应该招聘不同背景的员工，团队可以借助他们的丰富经验预测可能出现的变化，为减轻不良后果提前做好准备。定期的反馈循环和模块化的上报体系可以让组织适应意外变化，根据需要做出反应。

他们以《蒙特利尔议定书》（*The Montreal Protocol*）为例进行了讨论。制定这个国际条约的目的是保护臭氧层。来自世界各地的科学家分享了他们的权威数据，分析了氯氟碳化合物消耗臭氧层对人类健康的影响。他们呼吁各国政府和企业要行动起来。自此全世界开始了大规模的国际合作，对大气修复产生了重要影响。自1987年初步协议通过以来，《蒙特利尔议定书》经过了8次修订，以处理监测过程中获得的新信息。时至今日，该条约仍然被认为是最成功的国际协议之一。

业务部门可以从上述案例中吸取经验，主动监控市场环境，关注可能对组织产生不良影响的细微征兆，占据市场重要地位。站稳市场的领导者如果躺在过去的功劳簿上就会犯错误。忽视竞争对手的行动，特别是忽视小型的新市场从业者的创新行为，就说明你已经不适应新情况，你的公司可能无法继续生存下去。

对领导者来说，适应就是要认识到他们自己、员工乃至组织的职能结构都是可以改进的。事实上，可以把不确定性看作一次机会，你可以对组织进行全面诊断，更新固有观念，迈出创新和成长的第一步。

重构不确定性

解决不确定性的第一步是尝试找到共识，这一步也叫重构，就是从不同角度看待问题。这样做可能会让你发现之前未考虑的额外信息，找出一些可能的解决方案或行动方案，然后通过探讨、评估将这些方案形成切实可行的决策。

重构是必要的。"如果你唯一的工具是锤子，你就容易把任何问题都看成是钉子。"这句话说明一个人的思维具有片面性，协作才更有力量。几个人在一起讨论问题的时候，可以从不同角度探讨各种可能的解决方案。有人可能提出其他人没有考虑的方案。这种创造性对话可能会形成更经济、更快速、质量更高的解决方案。

此外，有时解决方案非常简单，通过重构过程可以减掉经过数月或数年形成的旧制。有时某一个人能发现其他人没有意识到的明显存在的问题，这一点可以用皇帝的新衣的故事来说明。一个自称是高级时装裁缝的人来到王国，要求面见皇帝，他自诩可以用最漂亮的布料为皇帝做一套新衣服。爱慕虚荣的皇帝邀请裁缝住进宫殿里，给他制作漂亮的衣服。裁缝把自己关了起来，在做完之前不让任何人看到新衣服。在盛大的揭幕之日，裁缝把一个看起来空无一物的衣架搬进了皇帝的房间。裁缝问皇帝，他认为这套由金银织物制成的漂亮衣服怎么样？皇帝不想让别人觉得自己愚蠢，就顺着裁缝的意思说它非常漂亮。裁缝用夸张滑稽的动作亲自给皇帝穿上衣服。皇帝叫来最亲近的大臣，让他们看看这套最精致的衣服。大臣们立即开始称赞这件漂亮衣服，因为他们不想让别人觉得自己愚蠢、不合群。

有人建议皇帝应该在他的王国里巡游一圈，让他的子民们都能仰慕他的新装。于是皇帝便出游了。穿过广场时，一个小男孩喊道："皇帝没穿衣服！"卫兵们立刻抓住了小男孩。皇帝叫他们放手，因为小男孩说的是真话——除了内衣，他什么也没穿。他这时才明白，自己真是个虚荣又愚蠢的老头，被人欺骗了，还把假的当成真的。皇帝到处寻找裁缝，却发现裁缝早已不知去向。他斥责大臣们，说他们只会顺着自己的意愿说，称赞小男孩勇敢又诚实。

这个小男孩不是拿着高薪的大臣。他只是说出了自己看到的事实。裁缝和宫廷里老谋深算的大臣们对他们认为应该看到的东西进行了复杂的描述，而这不过是一场骗局。这个简单的寓言故事说明，当复杂多元的组织面临看似复杂的决定时会发生什么事情。进行对话很重要，它可以确保人们了解问题的根源，避免仅仅解决解决表面现象。

主动倾听包含提问和倾听，是卓越的领导者行为中重要的组成部分。坦白说，你参加会议或社交活动时，有多少次是在全神贯注地听对方说话？一个主动倾听者会专心听对方说话，追问问题，听完对方的完整回答后再发表意见。谈话交流的目的是充分了解事件、过程或面临的挑战。人们经常忽略复杂性的存在。他们只提取有表面价值的信息，不愿停下来看看是否可能有某种挑战潜伏在阴影中。

下面这个故事讲的是，如果忽视了最初看起来并不严重的细微征兆，就会酿成大祸。工厂主管史蒂夫（Steve）看到地板上有片水洼，就叫来乔（Joe），让他擦干净。可是到了下午，他看到那片水还在，就对乔喊道："我告诉过你把那摊水擦干净，你怎么还没擦？"乔嘟囔着说他已经擦过了，然后慢慢腾腾地去拿拖把。史蒂夫从未怀疑过那片水是从哪里来的。第二天早上，工人们上班时发现整个楼层都被淹了。在调查被淹的原因时人们发现，上周末的一场暴风雨刮翻了一个大型建筑物，倒塌时把厂房的屋顶砸坏了。水就透过屋顶漏到了地板上，形成水洼。昨夜下了一场大暴雨，雨水不断地从屋顶涌入，瓦片再也撑不住水的重量，于是厂房就被淹了。

如果史蒂夫能停下来，研究一下为什么会反复出现水洼，而不是要求尽快将它擦干净，他可能会发现屋顶漏水的情况，避免这次损失惨重的事故。在处理由多个层次构成的复杂系统时，人们往往将表面现象当成出现问题的实际原因，而没有意识到这个问题可能是由更深层次的问题引发的。

主动提问和倾听的领导者更具领导力，因为他们知道不需要事必躬亲。他们会召集具有不同观点和专业知识的人员来解决复杂问题。从多个角度检视问题可以更好地发现并解决造成问题的真正原因。领导者可以展示自己的领导力，肯定不同工作小组取得的成绩，协调各组的力量实现组织愿景。

🛠 | **思考练习**

在你的生活中，管理者或其他有影响力的人有没有主导谈话，认为他们的情况与你正在经历的情况完全相同？

你的反应是什么？情况是如何发展的？如果再给你一次机会，你希望发生什么？

回想一下那些让你深刻印象的管理者、领导或同事。他们是如何帮助你解决复杂情况的？

很多时候，有人为了确定问题的根源，会花时间提出一系列问题，而解决方案就在不经意之间出现了。也有些人常常浪费大量精力和时间去解决个别表面问题，没有停下来考虑各种问题之间的关联。爱因斯坦曾说过："如果我有 1 小时来拯救世界，我会花 59 分钟去确认问题，然后花 1 分钟解决问题。"

双环学习

克里斯·阿吉里斯（Chris Argyris）和唐纳德·舍恩（Donald Schon）对行动导向的组织学习进行了研究，开发出双环学习模型（Double-loop Learning Model），用来帮助人们解决不确定性和复杂问题。如图 6.2 所示，双环学习是一系列迭代的、互连的决策阶段循环。双环学习的基本前提是每次都从不同的角度思考问题，或每次都尝试不同的方法，会更进一步了解这个问题以及最终解决方案。五阶段学习过程单向迭代，包括目的（Intention）、评估（Evaluation）、反馈（Feedback）、决策（Decision）和行动（Action）。例如，考虑如何在组织内进行重大变革时，认真思考**目的**非常重要。变革的目的或最终目标是什么？

到评估阶段，需要审视当前环境，尝试用不同的方法推动变革，找出财务和程序上的各种可能或挑战。在反馈阶段，需要确认哪些人会受到变革的影响，哪些人可能已经经历过类似的过

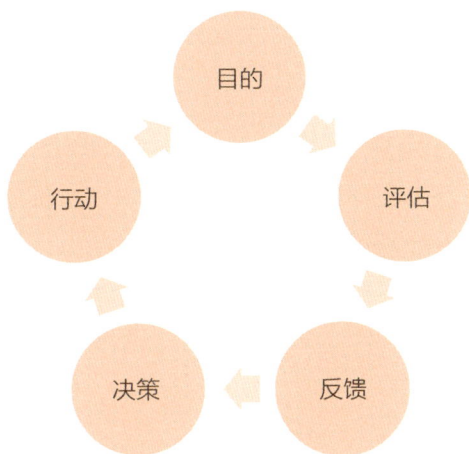

图 6.2　双环学习模型

程。你要将这些人的反馈添加到评估阶段收集的信息中。你没有漏掉某个重要的计划内容？工作事项的轻重缓急是否安排得当？

处理完反馈信息后就可以开始优化方案。首先要选一个测试点或测试项目作为变革行动的初步尝试。如果试验成功，你就可以开始进入最终决策和部署阶段。该模型相对灵活，几乎适用于所有的情况。例如，在评估阶段你可能会发现，全面实施计划中的变革需要太高的预算。你不一定要放弃这个计划。你最初的努力并没有错，但是，如果预算有限，你可以缩减部分工作。

当你从一个阶段转到另一个阶段时，要不断检视行动方案，确保工作或项目始终符合组织的使命，同时还要协调好时间和人力资源。

⚙ | 思考练习

　　回想一下新工作或新项目开始的第一天。你当时有什么感受？对新的工作环境有什么看法？

　　第一天结束后，你有什么感觉？你对工作环境的看法有改变吗？

　　这一整天发生了什么？你学到了什么？

新工作或新项目的最后一天怎么样?(如果你选择的是目前在做的项目,请描述一下你现在的想法。)你有什么感受?对工作环境有什么看法?

从第一天到最后一天,是什么事情改变了你的感受?

第一天往往会有很多挑战和未知的事情需要了解。不安和兴奋是第一天的正常感受。第一天结束时,有些人已经有了很好的规划;但多数人会感到压力山大,新组织的同事们习惯采用的工作程序和不时冒出的缩略词让他们不知所措。有经验的领导者建议新入组织的领导者首先接受不确定性。他们建议新的领导者在实施变革之前首先观察组织的文化、工作流程和员工的工作方式。你对组织及员工有了充分的了解后,才能提出更明智的建议。如果一进入组织就立即进行大刀阔斧的改革，你的建议就很难被接受。

离岗前的最后几天也会因为各种原因让人感觉度日如年。可能你的下一份工作令人兴奋，但在组织中按照习惯的节奏工作还是让人觉得轻松自如。当初在第一天让你深感陌生的那些程序和缩略词已经成为你的常态。从第一天到最后一天，你经历了一次个人学习曲线。在变化过程中，个人和组织都要经历学习曲线，这两个曲线并不总是同步进行。个人学习和组织学习一样复杂，组织内成员的学习方式和学习速度也不尽相同。领导者需要注意不同学习曲线的发展态势。如果个人学习曲线和组织的学习曲线相距甚远，领导者就需要介入，确保每个人即使在不确定的情况下也能沿着既定的方向，朝着自己的目标努力。

风险、不确定性与规划机会

即使是最简单的管理决策也会存在风险。项目成功的可能性有多大？或者，反过来说，失败的可能性有多大？领导者的职责是直面风险。领导者应该将大部分时间用于管理机会和预期。他们必须预测即将出现的阻碍，判断结果的可能性和重要性，减少失败概率，确保取得成功。

面对变化，不确定性会给决策过程带来更大风险。传统的风险管理需要解决的是，提出的变革将对组织资源和程序产生什么影响。人们用几乎同样的风险与收益分析方法，去检视一个变革结果可以预测的简单解决方案，或是检视一个涉及多个变化因素并含有大量不确定性的复杂项目。在制订和部署复杂问题的解决方案时，人们必须从多个维度来找出各种潜在的解决方案。如果听取了不同观点后再去解决问题，最终的解决方案可能有更高的成功率，因为它采纳了整个组织内所有人的观点。从整个组织中选出代表来参与变革过程，也有助于保证变革的成功。图 6.3 是一个风险分析过程，适用于可预测的变革情况，也适用于在基础分析过程之上、通过不同视角开展分析的附加层。这一过程说明，人们在尽力制定创新性解决方案，尽量减少不确定性。

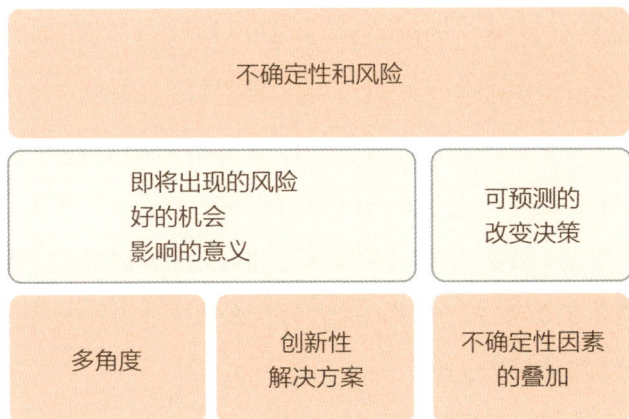

图 6.3　不可预测的和可预测的风险矩阵

从某种程度上说，每个人或组织的情况都是不一样的。每当你面对"机会"时，无论是好的还是坏的，都要先考虑下面的问题：

- 这个机会中有需要解决的风险因素吗？
- 为什么会出现这个机会？
- 这个机会将如何影响当前的组织文化？
- 需要谁来参与讨论和规划？
- 需要交流什么？什么时候交流？和谁交流？

你对这些问题的回答会明确两种情况：一种是可以预测结果的常规解决方案，另一种是你需要通过多个视角来开发创新性的解决方案。

风险评估的第一步是确定"机会"的重要性，确定这一机会将如何影响组织所追求的目标。花时间进行此项评估可以帮助领导者带领员工专注于更重要的事情，舍弃不重要的事情。对于一个能带来积极效益的建议，评估标准应包括该活动从哪些方面符合组织使命（效益），需要多少人力和财力去开展活动（成本）。重要的是还要考虑提出建议的人为什么把这个绝佳的机会提出来。双方将如何从中获益？

当风险引发问题时，尽快收集尽可能多的信息，了解负面影响的严重性很重要。计划的活动会受到多大程度的阻碍？这是一个有干扰性的小问题，还是一个可能会改变项目方向的大问题？

掌握事实后，你不但可以发现表面问题，还能找到问题的根源。你和你的团队可以对此进行理性评估，确定几种可能的方案，解决出现的问题。

达特茅斯学院塔克商学院教授维贾伊·戈文达拉扬（Vijay Govindarajan）把这些风险评估活动称为"**计划性机会主义**"（Planned Opportunism）。根据他的理论，人们应该对那些可以预测的风险做好准备，以减轻由不确定性所带来的种种不适和担忧。由于人们在面对不确定性时有一定的控制力，因此遇到无法立刻想出解决方案的情况时就不会束手无策。他们能够保持冷静，因为他们采取了行动，不再受被动或无行动的困扰。团队成员知道每个人都在尽最大努力积极主动地寻求可能的解决方案。用这种方法控制不确定性，会让人们树立信心，开始发展变革文化。

协作性的解决方案

在讨论和制订解决方案时，团队成员的多样性直接关系到解决方案能否成功实施。每个人都会把他们的个人经验和一定程度的偏见带入每一次讨论中。你希望邀请组织各部门的代表参加讨论，他们可能会受到问题或解决方案的影响。方案的范围、时间或分配的预算是否需要更改？标准操作程序是什么？

不能等到要实施了才去讨论问题及解决方案。沟通的时机和你想表达的内容一样重要。你不希望人们都从传言里获取信息吧？你需要建立一定的程序，在意外情况发生时自动启用，帮助你继续把控信息的内容和接收形式，方便组织内外部人员接收。

你有没有过这样的经历：你把好消息告诉了某人，那个人发誓会替你保密，结果你却在别人的传言中听到了这个消息。消息的内容改变了吗？如果它是一个好的机会，需要采取什么措施来控制风险？如果你当初停一会儿去思考它是否存在风险，现在是不是就可以不用耗费精力去"把事情纠正过来"了？

思考练习

简要描述一下你在过去三个月里遇到的一个意想不到的"机会"。

你用什么标准来评估这个"机会"？

这个"机会"对原计划的结果会产生什么影响？

你咨询了哪些人来帮助你确定最佳解决方案？他们起到了什么作用？你采纳了他们的建议吗？为什么采纳，或者为什么不采纳？

你在什么时候、用什么方式与相关人员分享"机会"和不同阶段的解决方案？

即使在相对简单的情况下，评估风险、减少损失、沟通信息等环节也可能很复杂。如果需要多个部门和组织参加风险预防和解决方案讨论，这些环节的复杂性将会成倍增加。需要提前关注让谁去做、什么时间做、怎么做等细节信息。

总之，变革不会在真空中发生。某一行动带来的结果可能会在其他领域引发意想不到的后果。领导者必须时刻注意是否有好的或不好的"机会"，一旦发现就及时处理。还要找到最合适的人，提前制订合适的解决方案。

总结

不确定性让人成长

- 组织必须学会认清不断变化的形势，适当调整产品和服务，在日益复杂的环境中生存下来。

- 人们之所以不适应变革，往往不是因为变革正在进行，而是因为不知道变革的结果如何，内心产生不确定性。

- 协作性商讨和即兴发挥可以产生创造性的解决方案。

- 倡导有效变革的领导者会包容不同的价值观，征询各种观点，发现独特优势。

- 重组失败的主要原因是员工抵制变革。要想获得员工的支持，就要和员工进行沟通，讲清楚变革符合组织的使命、目标和流程。

- 重组会改变组织业务。如果没有制订深思熟虑的计划，不能确定所有的成本和收益，就不应启动重组。
- 不确定性是审视和重构固有观念的机会。
- 从多个角度审视问题，可以更好地发现问题，从根源上解决问题。

第 **7** 章

超级领导力

脆弱性帮助领导者……

不用心／用心的人认为……

情商可以最大化……

在老挝，有一个关于相鸣小和尚的系列民间故事。在其中一个故事中，国王抱怨自己没有胃口，没人能做出满足他味蕾的美味佳肴。国王在用餐的时候一点也没有食欲，大臣或谋士们一筹莫展。无奈之下，他让相鸣小和尚前来觐见。相鸣小和尚告诉国王，他有一个绝好的办法，可以让国王恢复食欲，但前提是国王要完全按照他的话去做。国王同意了，还给相鸣预支了一笔可观的服务费。

相鸣告诉国王，他有一种特殊的根，可以用来做汤使国王恢复食欲。但是，国王必须保证一天不吃东西。一旦吃了东西，根的治疗效果就没有了。第二天，国王听了相鸣的话，什么也没吃。日落的时候，国王不耐烦了，他让相鸣给他送来神奇的根汤。但相鸣到的时候既没有带根，也没有带汤。国王大吼："我要饿死了！"相鸣微笑着告诉国王："看，你想吃东西了。"国王这才意识到自己的问题解决起来这么简单。他觉得自己被骗了，十分愤怒，扬言要严惩相鸣。相鸣小和尚用自己的聪明才智逃离了威胁。后来，国王又一次遇到解决不了的困难，相鸣小和尚又被请了回来。

旧金山作家诺·萨纳冯赛（Nor Sanavongsay）解释说："相鸣的故事深受老挝人喜爱，因为它说明了一个道理，一个人不一定非要出名或变得富有才能取得人生的成功。无论是在古时候还是在如今的社会，任何愿意学聪明的人都有办法获得欢乐、享受成功。"相鸣的超能力是他能巧用常识，这一点国王和他的大臣们都做不到。我们都有与生俱来的超能力，如果能将其挖掘出来，就有助于我们解决复杂的困境。一个卓越的领导者能抓住问题的核心，带领团队采用适当的措施去解决问题。

思考练习

你想拥有哪一种超级领导力？

请描述一段经历：你的超级领导力帮助你和团队解决了某个困难。

如果我们可以吃下一颗领导力药丸，睡一觉，醒来就可以掌握所有的超级领导力，那可就太简单了。但现实却残酷得多。

经过大量的研究、实践和观察，我发现了 4 种无形的超级领导力。21 世纪成功的领导者可能已经具备了这些能力，只是他们还没意识到。这些超级领导力是：脆弱性、自知无知（Educated Ignorance）、用心和情商。

纵观历史，领导人都具备这些特质，并能够将其应用于实践，但他们不一定把这些特质当作很多人认为的弱点。根据最近的学术研究成果，人们对这些无形的特质进行了测评，认为其也是各种成功行为的一部分。如果对诺·萨纳冯赛的话进行深入思考，就是我们怎么给 smart 这个词下定义。这个问题，也是怎么评价个性和特质的问题。我们是把 smart 定义为"智商高"（intelligence），还是定义为"剧烈的刺痛"（a sharp stinging pain）？通常情况下，领导者在习得新本领的时候，会感到剧烈的刺痛，这更说明他们需要以多视角看待问题。

我教授项目管理课程时，似乎总能遇到至少一个固执己见的人，他坚持认为领导理论在他的硬技能项目团队中毫无地位。到课程结束时，我往往能够说服他们至少勉强认同一个理论，即成功的项目管理要**以人为本**。从表 7.1 列出的矩阵可以看出，美国项目管理学会的人才三角职业发展要素与 4 种超级领导力有部分重叠。重叠的部分表示项目负责人在项目实施期间多次完成的工作行为。在本章后面的部分中，我们将探讨上面概述中介绍的 4 种超级领导力的基础和应用。

表 7.1　项目管理超级能力矩阵

超级领导力	美国项目管理学会人才三角要素		
	技术项目管理	商业管理	领导力
脆弱性	风险管理	解决不确定性	战略谦逊
情商	决策	利益相关者管理	压力管理
用心	协调	适应	调整
自知无知	需求	范围	多视角

脆弱性和领导力

在危机发生的时候，人们期待领导者保持冷静，告诉他们怎么做才能渡过难关。当年我和朋友们学着做管理工作时，我们的口头禅是**永远不要让别人看到你哭**（don't let them see you cry），因为我们不想让别人看到我们软弱或失控的一面。纵观历史，领导者总是被当成力量和知识的强大源泉。我被提拔到领导岗位上后，才认识到自己不可能解决所有问题，即兴提出解决方案时会努力让自己看起来很自信。我会对自己的这些表现感到惊讶吗？我开始小心翼翼地向我尊敬的人征求建议。这时我才知道领导者不愿透露的最大秘密是：他们不能解决所有的问题。

几年前，我读了布琳·布朗写的《活出感性》。她在书中讲解了如何将脆弱转化成领导力，这深深触动了我。她发现高层管理人员最担心的是能否明确目标，保持优势，与同事建立良好关系。她的研究表明，领导者需要暴露弱点，他们认识到自己的担心后，可以通过这一认知来推动创造、创新和学习。一旦你确定了挑战——无论是缺乏信息还是缺乏资源——你就可以自由地想象一切可能的解决办法。事实上，如果领导者和团队成员拒绝承认自己的脆弱性，他们就会找借口，回避问题，甚至还会错怪他人。

自知无知

梵蒂冈天文台前台长乔治·科尼（George Coyne）和梵蒂冈天文台现任台长盖伊·康索马格诺（Guy Consolmagno）修士在一次电台采访中与克里斯塔·蒂佩特（Krista Tippett）讨论了信仰和科学的相似之处。他们解释说，"探究"在宗教领域和科学领域都发挥着重要作用，因为这两个领域都要求人们在不确定的环境中探究。他们知道自己不知道什么——他们**自知无知**——这促使他们继续进行精神上和科学上的探究。苏格拉底谈到自知无知时说："我之所以比别人聪明，是因为我知道自己的无知。"盖伊修士引用作家安妮·拉莫特（Anne Lamott）的话来解释他如何在科学和精神之间获得平衡。安妮·拉莫特在《B 计划：关于信仰的进一步思考》（*Plan B: Further thoughts on Faith*）一书中写道："信仰的反面不是怀疑，而是确定性。"

领导者往往无法确定结果如何。自知无知让我们接受不能解决所有问题也没关系。承认我们需要更多信息也没什么不妥。它给了我们一个起点，让我们扩大自己的知识储备，提出问题，仔细倾听答案，然后做出决定。

领导者可以利用以往的经验和新获得的知识来指导团队完成任务。我们之所以成为探究者是因为我们设定了一个类似于北极星的参考点，据此我们期待发现新的方法，克服障碍，实现目标。这个时候我们可以凭借自己的风险管理技能，分析我们所知道的真实情况，权衡结果发生或不发生的可能性。领导者提高了能力，增长了才干。对领导者及其团队来说，探索的旅程充满活力（尽管有时会让人心力交瘁）。

用心的领导者

从哈佛大学商学院毕业的学生有的非常成功，也有的表现平平。哈佛大学社会心理学家艾伦·兰格（Ellen Langer）对这两类学生所具有的不同特质很感兴趣。她曾与哈佛商学院的学生一起工作了一年的时间。她发现，用心或不用心是决定领导行为成功与否的关键特质：

"不用心的表现是用昨天的业务方案解决今天的问题。

用心的表现是调整今天的方案，避免明天出现困难。"

兰格对用心或不用心的领导行为进行了界定，为领导者总结经验教训提供了新的视角。某种方法在过去很成功，但再使用时未必会产生完全相同的效果。在哈佛大学商学院的学生中，有人能够认识到当前的情况不同于原来的情况。他们用心地调整战略，应对当前的要求，取得了成功的结果。也有些人不考虑环境的变化，把以前的经验教训应用到当前的情况，他们就不如那些用心的同学成功。不用心的领导行为不一定是错误的，因为管理者和领导者都是按照组织的传统行事。但是从长远来看，更卓越的领导者则会理性地评估形势，根据形势变化调整解决方案。

思考练习

你最害怕什么？

你会做些什么来减轻恐惧？

如果有人问到你解决不了的问题，你的第一反应是什么？

如果这个问题是由以下几种人提出的，你会表现得不同吗？

你的老板？

你的同事？

你手下的员工？

你的朋友？

回想这样一个场景：在一项复杂的工作中，为了生产或交付最终的产品或服务，许多人在共同努力工作。对于你负责的工作任务，你知道之前和之后的流程吗？当你向员工提出有关他们工作任务的问题时，他们有什么反应？

由于工作环境或工作要求的变化，你需要调整原来的行动计划。描述一下你是如何从专业 / 个人的角度去努力的？

领导者意识到自己的无知后，他们会进行反思，用得到的教训来解决当前的挑战，为解决不确定性做好准备。当我发现自己处于困境时，我喜欢反复思考马赛尔·普鲁斯特的一句话："真正的发现之旅不在于发现新天地，而在于拥有新眼光。"领导力不一定与过去的行为表现有关，而是有勇气去寻找新的、最合适的解决方案来应对不断变化的环境。

情商与领导者

20 世纪 90 年代中期，丹尼尔·戈尔曼（Daniel Goleman）引入了情商的概念，将其作为一种领导工具。起初，我和其他自称是技术专家的人一样不接受这个概念。我不能理解为什么工作场所要受情感因素的制约。到了 21 世纪，我看到领导力的内涵发生了变化，这种变化不仅表现在实践方面，理论上也有了转变，在工作场所中使用的方法越来越人性化。人们不再单靠技术来解决业务问题。技术能力、认知能力和情商开始成为衡量领导者的重要维度。

我认为现在应该重新审视与情商相关的理论和研究，它们为管理者和领导者提供了一个非常强大的框架。从本质上讲，情商是一种过程化范式，表明人们如何看待周围的世界并做出什么反应。科普作家、播音员丽塔·卡特（Rita Carter）描述了这套工具的重要性，"情绪根本不是感觉，而是一套根植于体内的生存机制，这些机制能够让我们远离危险，推动我们去追求可能有益于自身的事物"。有科学研究证实我们人类确实有本能反应，但多年来我们一直在忽略它的存在。简言之，情商对精进领导力很重要，因为它可以衡量领导者处理自身及其人际关系的方式，还可以衡量领导者的自我评价和他人对领导者的看法、与人沟通的准确性及其管理情绪的方式。

有一则中国的寓言故事，讲的是一个男子去找心灵导师，询问导师如何让他的婚姻更幸福。睿智的导师听了他的抱怨后说："你必须学会听妻子的话。"男人记下了这个建议。一个月后，他回来说已经学会了听从妻子说的每一句话，还说他们之间的关系正在改善，但他认为还可以变得更好。导师微笑着告诉他："现在回家去，听听她没说出的那些弦外之音。"

很多组织与这个人的家庭相似，都会存在一些不需要说明的隐形沟通。如果人们只关注话语的表面信息，忽略了他人的言外之意，就容易引发很多误解。

我们的工作环境由互不相连的系统组成，如果各系统在组织内部极少进行沟通，就会造成秩序混乱、绩效下降的后果。这样的工作环境不利于组织的正常运行。如果管理层不加以改进的话，员工就会越来越疏于交流，健康的、高情商的工作场所更加难以建成。

如果要举一个领导力欠缺的例子，我能想象到的最有效的视觉形象是小说《哈利·波特》(*Harry Potter*)中的摄魂怪。可能有人不熟悉 J.K. 罗琳（J.K. Rowling）的系列小说。该故事发生在魔法世界里，这个世界类似于 20 世纪后期的英国社会。摄魂怪是黑色的无脸生物，负责看守高度安全的巫师监狱。他们的任务是吞噬巫师囚犯的希望和幸福，让这些巫师陷入痛苦和绝望。有的领导者就像是这些穿着商务套装的摄魂怪。他们鼓励激烈竞争，导致员工们不能一起努力实现共同使命，而是改为相互对抗。就像《哈利·波特》小说中描述的摄魂怪一样，这样的领导者会耗尽工作场所中所有的希望与和谐。结果最有才华的人离职了，团队继续螺旋式衰退。只有情商高的人才能驱逐职场上的摄魂怪。他们能够辨识他人的言外之意，说服员工重新调整方向，推动形成沟通顺畅、富有成效的工作环境。

思考练习

你曾经共事过的最优秀的领导者是谁？此人有哪三个特质？

你如何以这些特质为榜样来创造一个积极的工作环境？

你曾经共事过的最差的领导者是谁？此人有哪三个特质？

假如时间可以倒流，再给你一次重来的机会，你会怎样以不同的方式创造更具建设性的工作环境？

情商高的领导者重视共同目标和相互依存的意识，他们创设相对宽松的沟通环境，引导员工专注于需要做的事情，还会把那些相互指责、关系破裂的同事团结到一起。

情商量表

鲁文·巴昂（Reuven Bar-On）带领心理测试研究团队开发了情商量表。他的研究基于这样一个前提：人们在日常活动中表现出的情商及社交能力是可以被识别和衡量的。他认为，情商高、社交能力强的人可以通过现实而灵活的行为方式来应对变化。这些人在面对挑战时能迅速调整自己，因为他们不但知道自己的优势和劣势，还能与他人建立相互支持的关系，帮助自己实现预期目标。

巴昂建立了5个主模块来衡量一个人的情商和社交能力：①自我认识；②自我表达；③人际交往；④压力管理；⑤做出决策。图7.1的情商量表可以评估一个人的情商，包括5个模块以及相关子模块。相关的网络反馈工具由全球著名情商评估公司——多维健康系统公司（Multi-Health Systems Inc.）管理，人们通过该工具可以测量那些无形的领导力技能，这在以前是做不到的。

主模块	子模块
自我认识	自我肯定 自我意识 自我实现
自我表达	情绪表达 坚定直率 独立性
人际交往	人际关系 共情 社会责任
压力管理	灵活性 抗压能力 乐观
做出决策	解决问题 事实辨别 冲动控制

图 7.1　情商量表

　　情商量表的强大之处在于，5 个主模块与之相关的 15 个子模块之间动态互连。每个人在不同模块中的关联程度各不相同。情商没有最优值，也不是一个静态值。一个人的情商水平会随着他们的成熟度（也就是智慧）的变化而改变，这种成熟度与个人经历和职业环境都有关系。情商评估反映了一个人在某一特定时间点的综合能力。如果一个人遭遇突变，他在某些模块的测量值就可能和原来的测量值不一样。你的同事中有没有人经历过人生巨变，比如孩子生病或父母生病？在他们在完成重要工作的时候，你有没有注意到，他们会不会受个人问题的影响，改变了处理日常工作的方式？

相关的情商量表反馈报告如图7.2的正态分布曲线（又称贝尔曲线，Bell curve）所示，说明某个人在每个情商模块中的参与度。贝尔曲线的峰值代表人群的平均反应。峰值右侧代表参与度高于该特征平均水平的人，左侧代表参与度低于平均活动水平的人。数字量表这一反馈工具并不代表传统的评分系统，因为没有完美的分数。事实上，如果分数极高，可能意味着参与度过高，应该考虑调整自己的行为。例如，自我意识测量值落在右侧第三个标准差（浅灰色区域）的人过于自我，他们不会为其他人考虑。这种极端行为被称为自恋。

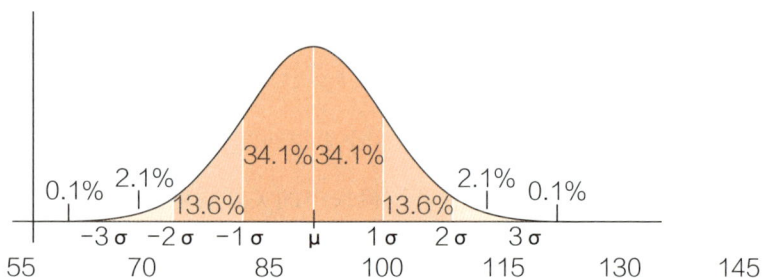

图 7.2　情商量表分数分布图

大多数人在这20个不同的测量模块中都会表现出较高或较低的指数值。以我自己的两个分数为例。在**冲动控制**子模块，我的指数值低，位于平均值左侧；在**事实辨别**子模块，我的指数值高，位于平均值右侧。用一个现实场景解释，为了一次令人兴奋的体验，我可能会考虑从桥上跳下去。但我不会跳，因为我在**事**

实辨别方面养成的分析技能不会让我去冲动行事。

思考练习

图 7.1 的 15 个子模块中，你认为哪些是你的优势？

在 15 个子模块中，你认为哪些是你的弱点？

描述一种情况：你的优势抵消了你的弱点。

本书中反复出现的主题之一，是认识自己优缺点的重要性。其理由是，领导者单凭一种特质无法取得成功。只有把积极特质和消极特质融合到一起，才能形成个人的领导风格。我发现情商量表工具的启发之处在于，它不用通过判断就可以给人们提供 5 个主模块和 15 个子模块的领导力特质指数。我需要在**控制冲动**方面提高指数值吗？如果我这样做了，我的创造力会降低吗？这是我自己的选择。如果我从事了另一份职业，需要严格遵守规定，那么探索不同的方法来提高**冲动控制**指数可能对我最有利。

再来看看另一个例子。内向的人可能在**人际交往**模块的指数值稍低，但可能在**自我表达**模块指数值较高，因为养成良好的书面沟通技巧可以让他们通过邮件往来进行准确、简洁的对话。如果一个内向的人能够通过电子邮件进行有效沟通，他就能把解释性的电话沟通降到最少。

情商量表与领导力实践

我之所以这么喜欢研究情商，原因之一是我相信人们可以不用参加培训课程，直接把技能付诸实践。一家 IT 初创公司的总裁上了我教授的项目管理课程。几个月后，我打电话联系学生，想调查一下课程需要做哪些调整。他给我回电话时，对课程赞不绝口。正面的评价总是受人欢迎，但这位学员对培训项目的体验更有意义。他告诉我情商选修课是他最喜欢的课程。我问及原因时他说，"它让我学会压力管理"。我让他再解释一下。他告诉我，他与手下的某个员工没有处好关系。他认为该员工应对压力时采用的管理方式不合适。在我的课程中，有一部分内容简要介绍了不同的人如何用不同的方式**管理压力**。这让他认识到，该员工已经意识到了压力所在，但是她管理压力的方式不一样。现在，面对压力的时候，他们能更好地处理了，因为他能理解员工的动机，为他们适当地提供指导，他们可以有效地协同工作来解决问题了。我认为这是现实生活中应用情商的完美例子。

表 7.2 是一个用情商量表子模块中的特征进行研究的案例。研究者根据不同指数解读观察到的领导者行为，帮助领导者了解自己及其团队成员。

表 7.2　情商量表指数值

情商量表子模块	指数值	实际观察
自我意识		认识到个人情感导致某些后果
	中高	做出合乎逻辑的回应，因为他们能认识到诱发因素和潜在结果
	极高	自我放纵，做决定时不考虑实际情况
	低	经常觉得自己被误解，或对他人的行为感到吃惊

续表

情商量表 子模块	指数值	实际观察
独立性		对你给团队提出的想法充满信心
	中高	自信、自主地思考
	极高	观点独断，不参与小组对话
	低	优柔寡断，依赖他人为自己做决定
人际交往		能够建立相互联系
	中高	善于建立各种关系
	极高	无法独处，可能会行为不当，超出个人界限
	低	对他人保持戒备，喜欢独处
共情		理解他人，对他人的需求敏感
	中高	在特定的情况下，认同他人的感受
	极高	被卷入困境时，隐瞒重要信息或避免可能发生的冲突，以保护某人的情感不受伤害
	低	以自我为中心，在情感上脱离群体
灵活性		调整思维或行为的能力
	中高	认识到形势的变化，能适当做出调整
	极高	容易厌倦，无法坚持实施计划
	低	缺乏好奇心，顽固不化，拒绝改变

思考练习

在你现在或过去认识的人中，是否有人表现出表 7.2 中描述的指数值"极高"的行为？

在一个新项目中，如果你发现自己的建议似乎被其他团队成员误解了，你会做些什么来获得理解？

有人提出建议后，总是对同事给予的评价表现出吃惊的样子。你会对这些人说什么？

描述最近的一种情况：你没有按照自己理想的方式有效地表达自己想要表达的。是什么让你没有表达出想要分享的内容？

团队中总有一些人不想参加公开讨论，他们也许确信自己的答案是唯一的解决方案，也许就是不想参与，想让其他人做出决定。你如何促使这些人加入小组讨论？

描述一种在你的工作中出现的要求极高或意料之外的情况，以及由此带来的后果。你最初的想法和身体感受是怎样的？面对压力时，你是如何调整内心和身体感受的？

描述一种在你的个人生活中出现的要求极高或意料之外的情况，以及由此带来的后果。你最初的想法和身体感受是怎样的？在面对压力时，你是如何调整内心和身体感受的？

你处理工作压力和家庭压力的能力有什么不同？

对于领导者来说，没有什么简单的方法能成功应对所有困难局面。情商及其相关理论提供了一个框架，帮助你形成自己的观点，思考其他人如何形成他们的观点。在思考过程中，你有没有发现自己也在思考本章中讨论的脆弱性、自知无知以及用心等超级领导力的其他属性？这 4 种超级领导力相互交织，为应对不确定性提供坚实的基础，能将传统思维转化为新的优势和创新力。

整合超级领导力

人们对领导者有许多过高的期望。除此之外，想在工作和生活之间维持某种平衡可能是最抽象的无形资产之一。沃顿商学院教授斯图尔特·弗里德曼（Stewart Friedman）的研究目标是让领导力与工作及生活一体化。弗里德曼认为，在工作与生活之间不可能维持平衡，因为要求别人确定工作重点，然后据此来安排你的时间，这是做不到的。他建议，努力在工作、家庭和社会责任之间实现一定程度的融合，将使人们获得成功。弗里德曼的框架主要包括三个方面，即鼓励人们**真实**、**完整**、**创新**（Be Real, Be Whole, Be Innovative）。通过专注于这三个目标，人们可以整合他们生活的各个方面，构建一个完整的社会形象。他们可以努力成为最优秀的人。

与复杂矩阵团队合作时，组织领导者必须权衡各种因素，避免在工作上产生冲突。表 7.3 采用了弗里德曼关于保持工作及生活一体化的建议，确定了具体的领导方法，将脆弱性、自知无知、用心和情商等超级领导力工具归入"**真实、完整、创新**"三个目标。

表 7.3　超级领导力归类

项目	真实	完整	创新
脆弱性	知道什么重要 保持真实性	预先确定使命 体现价值	挑战现状 建设创新文化

续表

项目	真实	完整	创新
自知无知	知行合一 明确期望	创建支持网络 应用所有资源	用故事传达价值观 关注结果
用心	主动倾听反馈	综合各种信息	接受变化 想出新方法
情商	负责任 解决冲突	管理界限 帮助他人	以身作则

思考练习

从表 7.3 中选择两种方法，人们可以将这两种方法用于四个超级领导力中的任何一种。

叙述这样一种情况：你目睹或实施了其中一种方法，将其作为一种手段来指导团队整合个人活动，以实现共同的目标。

不管你选择哪种超级领导力（脆弱性、自知无知、用心或情商），表 7.3 都可以为你提供一套领导力指导原则，帮助你：

- 为自己和团队设定工作重点
- 针对当前情况采取最佳行动
- 指导你寻找解决方案

总结

超级领导力

- 承认恐惧和脆弱性可以让领导者通过这一认知来推动创造、创新和学习。
- 领导者提高了能力，增长了才干。自知无知为领导者提供了探索新方法和新想法的机会。
- 用心表现为根据今天的方案进行调整，以避免明天的困难。过去成功的策略并不意味着再次应用时会产生完全相同的效果。
- 情商塑造人们的世界观，衡量领导者如何处理与利益相关者之间的关系，可以确保沟通的准确性，同时也能检验他们如何管理自己的情绪。

第 **8** 章

冲突与对话

对话让人们能……

随和会引起……

复杂性影响冲突……

　　语言是把人们联系在一起的强有力的工具。协作对话可以帮助人们倾听他人的想法，提出创新性解决方案。在前几章我们已经讨论了一些关于倾听、学习和开阔视野的优秀案例。本章将就如何通过对话来解决冲突提出一些建议。

　　帕德莱格·图阿马（Pádraig Ó Tuama）是神学家、诗人，他与世界各地的团体合作，通过教育、调解和对话解决冲突。他用语言构建礼貌、包容和慷慨，缓和敌对行为，帮助了欧洲、非洲和大洋洲等全球各地的人们。图阿马在分享时强调了语言的重要性，"……我们在语言中注入了我们对自己的认识。因此，你不仅仅是在说某一个词，你是在传达一些看起来像是思想上的认识，甚至有可能就是你的思想。因此，词的选择真的、真的很重要"。这就是为什么人们应该认识到，他们理解某种情况的能力是有限的，需要主动请别人帮助自己理解。

　　图阿马在《避难所》（In the Shelter）一书中建议，在动荡的世界中创造宁静。他收录了最喜欢的一首诗——戴维·瓦戈纳（David Wagoner）的《迷失》（Lost），其中有这样的诗句：

　　"无论你在哪里，你都在'这里'，

　　你必须把它看作是强大的陌生人，"

　　任何组织中的领导者都可以用这个非常形象的比喻来说明如何处理计划之外和意料之外的事件。这些突发情况可能导致同事和团队成员之间产生裂痕和冲突。你如何对待新搬来的邻居？如何对待刚加入新团体的人？如何对待刚加入运动队的新人？如何对待刚进入组织的新员工？你会立刻把他们排除在你自己的"小圈子"之外吗？或者，你会接纳他们、了解他们吗？

　　一个大型组织的执行副总裁曾经告诉我："冲突并不是坏事，关键是你如何解决冲突。"他给我分享这一哲理时我才 20 多岁。那是在一次会议上，我和同事发现他的一名下属隐瞒了某些信息，让我们很被动。对于此事，我们当时的处理方法不够专业。想象一下这样一个场景：两个穿着深蓝色西装、长筒袜和高跟鞋的年轻女孩子想要爬过会议桌，去掐死那个不诚实的投诉者。这不是什么体面的事。我们两个还没完全爬上桌子就恢复了理智。我和同事镇定下来并表达歉意时，执行副总裁直视着我们的眼睛说："女士们，女士们，冲突并不是坏事，关键是你如何解决冲突。"那一刻他让我们知道，他意识到我们被"陷害"了，但他没有责备这个人，也没有让他难堪。我们很快解决了问题，会议按照原定议程继续进行，诋毁我们的人也没再突然"发起攻击"。执行副总裁本可以插手解决这次"陷害"事件，惩罚我们，要求把我们开除。然而都没有，他选择了指导我们，给我们提供宝贵的建议，帮助我们继续做好工作。

　　解决冲突从来都不是一帆风顺的。善于运用语言和倾听的方式，引导团队远离冲突，创造性地制订解决方案，是区分领导者和管理者的另一个特征。帕德莱格·图阿马在爱尔兰西部的巴利城堡镇（Ballycastle）附近建立了一个名为科里米拉（Corrymeela）的静修中心。他讲述了关于科里米拉这个名字的故事。人们最初认为这个地名的意思是"**和谐之山**"（hill of harmony）。开业几年后，一位更精通古爱尔兰词源学的学者把"科里米拉"解释为"**崎岖的交叉路口**"（place of lumpy crossings）。还有什么词比"崎岖的交叉路口"更能形象地描述解决冲突的过程呢？冲突是没有规律的。能够解决某一场冲突的方法很少能用于解决另一场冲突。在解决问题的过程中，需要一位经验丰富的领导者带领团队跨越各种"崎岖的交叉路口"。

⚙ | 思考练习

　　回想一下最近在你的组织或社区中发生的一次冲突。是什么引发了冲突？

　　这个冲突是比较容易解决的，还是像"崎岖的交叉路口"一样不好解决？

简要描述每一方认为"错误"的地方。

通过最终的解决方案解决的真正挑战是什么？

从冲突发生到最终解决之间，你采取了哪些行动？

有时，人们没有立即发生冲突是因为他们不想引起骚动，或者认为有些违规行为不值得大惊小怪。领导者面临的挑战是促使团队学会礼貌交谈，避免小问题经过长期发酵引发极端冲突，牵涉很多人、占用大量时间，影响日常工作。

关键对话

克里·帕特森（Kerry Patterson）和他的研究团队提出了关键对话的概念。在你马上要处理一种具有挑战性的情况，却没有做好准备的时候，可以用关键对话的方式保持礼貌交谈。关键对话通常在公开的场合自然进行。在你试图回应突如其来的问题时，总会有人看出你的不安。这是一个高风险话题，因为你们双方都非常坚持自己的观点，而你的回答可能会产生长期影响。

无论是专业性问题还是个人问题，爆发冲突的时机和可能性是决定你如何回应的首要因素。你有没有遇到下面的情况？有人在老板面前质问你关于项目进展不顺利的问题；或者，你在办公室的休息区和别人谈话时，有人怒气冲冲地向你走过来。通常人们对这类情况的反应是，要么不说话以避免冲突，要么说或做一些可能让他们后悔的事情。沉默或暴力的反应都不是处理冲突的建设性方法。第三种选择是运用技巧优雅地处理这种局面。

很多时候，人们在事情发生前没有意识到自己的自然反应。要像卓越领导者那样随时做好准备，就要在困难情况发生之前不断练习你的回应方式。表 8.1 列出了面对挑战时人们的几种常见反应，请仔细阅读。

表 8.1　挑战性情况反应对照表

我这样做	面对挑战性情况的反应	行为
	因为不想处理这个问题，我延迟回复短信、电子邮件或电话。如果我不理会这个人，他们就会离开。	
	我是一个非常直截了当的人。如果我认为别人的想法愚蠢，我就会告诉他们。	
	我试图用正面的评价或自嘲的笑话来反击苛刻的反馈。	
	在我不想承担后果时，我不会给出苛刻的反馈。	
	如果我认为我的想法好过其他任何人的想法，我就会做出肯定的陈述。例如："每个人都知道……，这对任何人来说都是显而易见的……。"	
	我试图用平和的语气表达我的观点，但有时对方让我觉得自己很不受尊重。于是我大发雷霆，说错了话，但这只会让我显得更无力。	
	有人提出我不想讨论的话题时，我会突然想起还有一个紧急约会。	
	我发现用讽刺的方式回应我认为不可行的想法会减轻对他人的打击。	
	我试图与他人一起解决冲突，这样我们就可以一起找出问题的真正原因。	
	当大家相互指责而不再讨论解决方案时，我会建议大家休息一会儿，冷静下来，或建议重新安排讨论时间。	

如果你使用了其中的某一种方式进行回应，就在"**我这样做**"这一栏中打钩。在第三栏"**行为**"中，写出行为的类型，包括：回避、讽刺、转移话题、胁迫、轻视和攻击。

当你遇到关键情况时，你唯一能控制的人就是你自己。向你发问的人可能会表现得很迫切，但是没有任何一条规定要求你必须立即做出回应。一句简单的话就可以缓和局面，如："感谢你的关心，这个问题很重要，我们明天留出一些时间再详细讨论吧。"要尊重那些想逼你立即回答的人，也要给自己留出时间收集相关信息。如果你不能推迟关键的对话，那就允许对方给你一点时间来整理思绪，确认下面的 3 个目标，把精力集中到最重要的事项上。

- 为了你自己
- 为了你的团队，包括任何利益相关者
- 为了你与对方之间的关系

稳住关键时刻

卓越领导者在遇到意外情况，但还没有准备好立即处理时，他们不会让自己表现得很被动。他们会稳住现场的情绪，在准备好所有相关信息后再安排对话。在情绪激动的时刻保持冷静的秘诀是，提醒自己造成情绪激动的是肾上腺素，实际情况未必这么紧急。克里·帕特森和他的研究团队研究了几家公司的关键绩效指标（KPI）。这些公司的员工都接受过培训，能熟练掌握关键对话技能。采集的指标来自员工接受培训之前和之后的数据。他们发现，这些新技能可以产生明显的、可衡量的绩效和财务业绩。比如，这些可衡量的业绩使员工能够

- 应对金融危机时，把调整预算的速度提高了 5 倍
- 每一次关键对话可以节省 1500 美元以上的费用和 8 小时的工作时间
- 增加信任，减少完成任务的时间，虚拟团队的效率就会得到提高

他们发现，在这些组织中，官方和非官方领导人都能够在危机到来之时建立起良好的人际关系、提高生产力、亮出财务业绩。他们摆脱了自我和自私自利的情绪，专心应对组织目前的紧急需求。他们通过直接谈判和对话的方式来应对可能出现的关键时刻。

使用 And 语句可以让人们创建共同目标，避免出现糟糕的情况。比如，共同目标是：项目计划需要在 60 天内完成，预算不超过 100000 美元。如果各方（比如销售部门和财务部门）参

与目标制定，他们会在探索解决方案、实现成功的创造性过程中
共享所有权和共同利益。表示"共同"的 And 语句和表示"对
比"的 And 语句表达的核心观点是："我不希望发生……；我希
望发生……"。例如，表示"对比"的 And 语句这样说："我们需
要找到一个解决方案，让我们能在月底前完成这个项目，**我们还
要继续为电话支持热线配备人员**。"

安东尼·萨奇曼（Anthony Suchman）博士一直致力于研究
如何让失去控制的对话回到正轨。他发现，所有发生在工作场所
的对话都能分两种渠道：一种是任务渠道，一种是关系渠道。当
围绕任务产生的分歧蔓延到人际关系时，人们就会情绪激动，文
明对话就无法持续下去了。这种现象可以用神经科学来解释。在
对话中双方快要出现分歧时，一方或双方会激活他们对恐惧的反
应。位于大脑前部的下丘脑会触发战斗或逃跑反应，将注意力集
中在生存需求上。这种不由自主的恐惧反应会让人失去运用创造
性思维的能力。

从另一方面来说，如果有人提出其他想法并讨论，可能会被
别人误解为人身攻击，因为最早提出想法的人会把对他们想法的
反馈视为人身攻击。他们的第一反应是想知道你为什么不喜欢他
们，因为你不喜欢他们的想法。萨赫曼博士建议，可以用一系列
对话语句把对话引回到相互独立的任务渠道和关系渠道。表 8.2
列出了这些有助于建立协作关系的协作价值语句，它们被缩写为
PEARLS。

表 8.2 PEARLS 协作价值语句

协作价值	建议使用的语句示例
协作	我真的很想和你一起解决这个问题
共情	我能理解你的担忧
致谢	我知道你在这件事上花费了大量的时间和精力
尊重	我欣赏你在这个领域的专业知识
认同	我同意，但有几个方面需要考虑……
支持	我想帮助你成功解决这次挑战

开车去阿比林

有时，为了和某个重要的人建立关系，人们可能过于随和，采取的行动也不是他们真正想要追求的。他们同意是因为他们认为这对他们想要与之建立关系的那个人很重要。杰里·哈维（Jerry Harvey）在《阿比林悖论：处理意见一致》（*The Abilene Paradox: The Management of Agreement*）一文中把这种行为归类为"**无法处理意见一致**"（inability to manage agreement），因为没有需要处理的冲突。20 世纪 50 年代初，新婚的哈维去得克萨斯州西部拜访岳父岳母一家时，他发现了这样一种现象：人们按照他们认为别人想要的方式去采取行动，而不是按照当事人的真实需要去采取行动。

想象一下，在得克萨斯州西部的牧场里，夏日的午后天气炎热、尘土飞扬。这里的温度达到104华氏度①，还没有空调。哈维、他的妻子和妻子的父母坐在凉亭里懒洋洋地喝着冷饮。为了招待好哈维，岳父说，他们应该花40分钟开车到最近的小镇，在他最喜欢的餐厅里吃一顿牛排晚餐。哈维的妻子回应说："爸爸，这真是个好主意！"哈维无法想象，在沙尘暴中开着没有空调的车走40分钟，吃一顿被称为美味的得克萨斯牛排。还有比这更糟糕的事吗？但他不想违背妻子的意见，于是看向岳母，希望她能发出理性的声音，提出不同的意见。但岳母只是说天太热了，她不想做饭。于是一群人在灰尘四起的路上挥汗如雨地开了40分钟车，去吃了一顿丰盛的晚餐，然后又一路灰尘、满身是汗地开车回家。他们回到家里，岳父大声抱怨说，他吃了一顿油腻的饭，坐着又热又脏的车回家，真是糟糕透了。岳母说，她认为别人都想去她才同意去的。哈维的妻子说，她觉得爸爸非常想去，她才同意去的。岳父说，他提出这个建议，是因为他怕女儿和女婿在这里玩得不开心。现在才弄明白，其实他们每个人都想在凉亭里悠闲地逛逛，吃点小吃，轻松愉快地度过这个晚上。

"开车去小镇吃牛排晚餐"并不是回避关键对话。在对话中，人们完全了解对方的观点，但不想处理潜在的爆炸性局面。在类似的情况中，某个人认定的集体意见根本不存在。但因为过于随

---

① 华氏度：温度的度量单位。104华氏度约等于40摄氏度。——编者注

和，参与者会朝着最简单的方向前进，不会花时间去验证数据或注意到言语线索之外的东西。当团队"开车去小镇吃牛排晚餐"时，他们愿意接受不准确信息的做法产生了适得其反的结果。结果他们不但没有建立牢固的关系，反而变得情绪低落，往往开始互相指责，因为他们试图找出造成缺乏沟通和理解的罪魁祸首。

⚙ | 思考练习

描述一次你回避冲突的经历。你不想处理这种情况的原因是什么？

描述一次这样的经历：你对同事处理困难局面的方式感到不满。

你会如何使用关键对话技巧，以不同的方式处理类似的情况？

描述一次这样的经历：你和一群人在一起的时候，他们决定做某件事，但后来发现实际上没有人想参与，之所以同意这样做是因为他们认为其他人想参加。

你发现没有人想参加，但因为他们认为其他人都想参加，最后还是去参加了，你有什么感觉？

以后当你发现身处自认为是大多数人喜欢的情况时，你会怎么做？

当有人发起关键对话或一个团体开始朝着歧路出发时，参与对话的人要能够自由发言。卓越领导者要对提出关键对话的人做出反应，提供另一种选择供双方评估，或者建议安排一个时间，仔细讨论决策的各个方面。无论选择哪种方法，都能够完善最终解决方案，建立合作关系。领导者需要帮助团队创建安全的环境，他们可以在这种环境中讨论潜在的问题，分享不同的意见，形成集体决策，避免单一的、强烈的个人愿望主导决策的制定。

打造安全的对话空间

如果领导者开始创设一种安全的环境，鼓励团队成员和利益相关者进行坦诚的、公开的对话，在对话中不设任何危险预警，让棘手的话题显露出来，那么他们可能在违背既定的组织规范。组织规范基于复杂的**作为或不作为**矩阵，是在长期的工作过程中建立起来的。这些规范从未写成官方政策，但是"这就是我们这里的做事方式"这个前提强化了这些规范。由于惧怕潜在后果，人们不会质疑他们认为更有经验或更权威的人。再加上矩阵组织中多重结构具有的复杂性，所以不难看出，即使最好的意图往往也会被曲解。

马克·克雷默（Mark Kramer）和马克·普菲斯特（Mark Pfitzer）与政府和非政府组织合作，帮助人们创造共享价值，促进社会变革。他们在熟悉的各种模式中发现，有些个体尝试去追求共同的愿景，但发现自己因为误解了对方的行为而陷入混乱。克雷默和普菲斯特成功地把政府、企业、慈善组织和其他相关利益者协调在一起，共同努力制订了一项计划，对解决更大的社区挑战产生了积极的集体影响。他们的方法可以应用于复杂的矩阵组织，通过创建一个安全的共享空间来进行对话。成功地形成集体影响基于以下 5 个核心要素：

- 共同议程
- 共享测评系统
- 相互促进的活动
- 持续沟通
- 专业的骨干支持

共同议程是关于变革的共同愿景，也是一种联合方法，由所有相关利益者协作讨论并共同商定。根据所涉及人群的复杂性，在达成共同议程的初始阶段，可能需要几个月的时间来处理各种各样的问题和政策。**共享测评系统**应该包括几个关键绩效指标，人们可以通过这些指标来评估进展情况。在下一个成功要素中，要认识到协作团队中的每个成员都拥有不同的技能和才能。**相互促进的活动**意思是，每个人都要根据自己的优势、能力和资源为更大的集体作出贡献。在多样化的团队中，人们习惯于在不同的组织内工作，他们很容易把自己以及分配到的任务与协作团队的其他成员隔离开来。持续不断地进行非正式的、结构化的沟通对于人们保持同步节奏至关重要，有助于在协调有序的组织之间建立联系。**专业的骨干支持**是最后一个基本要素，它指的是独立的、代表组织各方利益的人员。骨干是一群致力于成功实施方案的人。他们提出愿景，制定支持政策，分享评估结果，进行资源调动。

一旦组织有了共同愿景，获得了前进的支持，负责在组织内发起变革的领导者就需要关注如何创建一个新的系统，鼓励新行为，并对绩效提高者予以奖励。无论是中小企业还是大集团，如果领导者想改变不同的部门结构和管理风格，帮助人们适应和成长，实现新的愿景，就要处理不同类型的需求。

在组织内适用于某种情况的领导方法不一定适用于其他情况。领导者需要开发各种各样的工具，积极地应对眼前的情况。戴维·斯诺登（David Snowden）和玛丽·布恩（Mary Boone）一起开发了肯尼芬框架（Cynefin framework），可以识别并恰当处理组织结构的复杂性。借助肯尼芬框架，组织领导者可以快速评估、识别和应对现实情况。斯诺登和布恩曾经与各种复杂的组织合作，验证肯尼芬框架的实用性。这些组织包括各类私营企业，如制药公司，还有政府机构，如美国国防部高级研究计划局（Defense Advanced Research Projects Agency）。

肯尼芬框架基于 4 种类型的组织环境：简单（Simple）、繁杂（Complicated）、复杂（Complex）和混乱（Chaotic）。表 8.3 对这个框架做出了说明。它描述了每种环境的特征，以及领导者在这类环境中应扮演的角色，对每种环境中常见的组织危险信号进行了界定，对如何解决或缓解挑战性情况提出了建议。还有一类组织环境是失序（Disorder），它是 4 种环境的混杂集合体。作者建议人们分离结构实体，将每个结构元素与 4 种基本组织环境中最能描述当前情况的一种相匹配，正面应对失序环境。

表 8.3　肯尼芬框架

组织环境	组织特征	领导者角色	危险信号	需要做出的回应
简单	基于事实的管理 一贯的模式 已知的已知	直接委派 最佳实践 适当的程序	自满 简化问题 刻板僵化	挑战信仰 与过程相联系 认识最佳实践的局限性
繁杂	需要诊断 多个可能的答案 已知的未知	形势分析 专家建议 矛盾评估	自负 视野变窄 分析瘫痪	挑战专家意见 跳脱框架思考 让利益相关者参与进来
复杂	需要创造性的方法 不可预见性 未知的未知	有目的的沟通 生成创意 打造安全空间	指挥与控制 视野变窄 急需解决方案	委派解决方案相关的任务 鼓励头脑风暴 反思
混乱	没有因果关系 紧急决策 不可知	秩序和协调 寻求解决方案 沟通	过于严密的控制 风险厌恶 没有进步	平行团队 唱反调 分离任务

在**简单**的组织环境中，执行管理层从惯常的运营模式中得出

事实，然后根据事实做出决策。变量和相关的操作对象是已知的实体。组织的领导者关注传统管理模式的最佳实践和流程。如果员工坚持僵化的制度，开始表现出自满的态度，把运营中出现的问题忽略，领导者就需要采取行动来扭转组织趋势。对于那些过于自满、安于现状的人来说，最好的应对方式是挑战他们当前的信念和做法。和他们唱反调，促使他们从另一个角度看问题，迈出自己的舒适圈。

繁杂的组织环境给执行管理层带来了挑战，因为每个问题都有几种潜在的解决方案。组织决策时要基于一系列程序。这些程序根据已知的未知变量，对选择一个解决方案可能产生的所有后果进行风险排序。在**繁杂**的组织环境中，领导者需要接受相关领域专家提出的建议。但是，他们也需要进行合理的形势分析，在专家意见相互矛盾时，进行合乎逻辑的评估。如果提出的建议基于非常狭隘的视角，并且员工对自己解决问题的能力过于自信，领导者就要提高警惕了。在这些情况下，领导者需要帮助员工拓展他们的视野和思维过程。让知识渊博的利益相关者参与对话，可以挑战团队专家，促使他们尝试其他的替代性方法，激发出一些创新性的解决方案。

复杂的组织环境会给执行管理层带来挑战，因为情况完全不可预测。喜欢传统管理风格的人在这种环境中无法生存，因为所有决策变量都是未知的。在这种环境下，领导者需要培养一种文化，支持用创造性的方法来分析解决方案并做出决策。领导者必须进行有目的的沟通。如果他们不小心，每一句不经意的话都会被视为方向的改变。另外，在复杂的组织环境中，创新是成功的基础，人们期待领导者创建安全的工作场所，鼓励员工提出想法。在这种环境中，组织功能失调的危险信号是抑制创造性对话的行为。如果团队和个人采取指挥和控制行为，就会限制人们提出创造性解决方案。当人们争夺指挥权和控制地位时，就会形成一种趋势：每一个问题及其解决方案都会成为非常紧迫的优先事项。每一次决策都变成了紧急的"消防演习"。在这种情况下，权力博弈取代了创造性。领导者需要介入，将团队分成更小的小组，去处理解决方案的不同方面。分组的指导方针是鼓励提出创新性解决方案，确定项目范围，协调各个小组的工作，把所有要素整合到一起。处理紧急情况可能是一种难以掌控的挑战。如果领导者发现没有需要紧急扑灭的着火点，他就可以向团队提出问题，鼓励他们反思挑战，在风暴过后的平静中想出建设性的解决方案，并从中吸取教训，避免以后再次出现这种情况。

混乱的组织环境就是——杂乱无序。执行管理层面临挑战，因为组织内的任何决策毫无逻辑可言，他们无法依靠任何先例来借鉴学习。人们需要领导者建立某种程度的秩序，帮助他们把工作任务与组织使命保持一致。**混乱**的组织环境中的领导者一直在不断地解决问题，试图建立某种结构。在这些情况下，沟通是领导者取得成功的关键。如果领导者发现他们的员工开始厌恶风险，总是找各种借口来解释为什么自己没有履行承诺，他们就需要采取行动了。这里有一个建议可以帮助领导者在**混乱**的组织环境中让团队重回正轨。他们可以把工作项目划分成可完成的小任务，把员工分配到平行团队中工作，定期召开会议，更新每个小组的项目进展情况和面临的挑战。

🛠 | 思考练习

在表 8.3 中总结的肯尼芬框架中，哪一个能描述你当前所在组织的环境？请举个例子简要解释。

你或你所在组织的领导层在哪些方面符合表中对领导者的描述？你认为目前在你的组织内还有哪些领导特质对组织进步是有帮助的？

随着组织在规模和业务上的发展，简单的组织环境自然会转变为繁杂的组织环境。对于那些处于成长过程中的管理人员，你会推荐哪些类型的职业发展活动？

在表 8.3 中列出的 4 种工作环境中，你认为在哪种环境中工作最有收获？为什么？

肯尼芬框架可能让人们不再相信那句名言：人们总是会被提升到其不能胜任的职位（彼得原理）。并非所有的领导技能都可以既适用于这种情况，又适用于那种情况。但是一定程度的职业发展活动加上试错会让领导者提高他们的技能水平，在多种类型的组织环境中取得成功。

在引导员工与剥夺他们自以为拥有的权力之间只有一线之隔。开放式问题鼓励反思和解决问题，推动创新。这类问题能让员工接受你的指导，积极探索创新性解决方案。以下问题有助于指导新晋领导者专注于实现预期目标，提高其专业能力。

- 各团队的领导者是否制定了协调一致的战略和愿景？

- 团队是否收集了反映实际组织状态的反馈，了解了阻碍团队实现既定目标的任何障碍？

- 正在实施哪些建议来调整组织的体系和实践，克服已知的障碍？

- 组织文化和培训计划是否与新愿景相一致？如果不一致，需要进行哪些调整？

责任与对话

戴维·伊格内修斯（David Ignatius）为《华盛顿邮报》（*The Washington Post*）撰写了一篇评论文章，文章开头讲述了中央情报局前局长访问一处绝密设施的轶事。在访问期间，工作人员送给他一件 T 恤，上面印着"什么都不承认，否认一切，提出反诉"。这句话不无敬意地调侃了那些情报人员，他们经过多年操作才形成了这种程式化的思维模式。我们中有多少人曾经为这样的管理者工作过？

我们在第 1 章讨论过布琳·布朗所说的功能团队之间的信任，

现在我们要再讨论一下。布琳·布朗认为，功能团队遇到困难时的做法应是"**转向彼此**"而不是"**互相攻击**"。不负责任的领导者对成员之间的相互指责不闻不问，他们不承认员工之间出现问题的时候自己也有部分责任，更不愿意去解决问题。通常，这些领导者会选择他们希望承担责任的人加以惩罚。一个人的责任心表现在他是不是对问题出现的原因和解决方案负责。你不一定是那个被指定负责的领导。但是对自己和团队负责是优秀领导者的典型特征。

克里·帕特森和他的研究团队对关键对话进行后续研究时发现，人们可以学习如何应对困难情况，但无法总是说服他人改变行为。总会有人认为规则是为别人制定的。顺着这个思路研究，他们发现 93% 的调查对象都与公认的不好相处的人在一起工作，但由于各种原因，人们不敢解决这个问题。他们不愿意做出违反规则或违背规范的事，担心产生的后果。帕特森的团队将这种现象称为"沉默流行病"。人们左右为难，不知道该做出哪种选择：是沉默不语，纵容不良行为？还是大声谴责不良行为，直面后果，给自己制造潜在的麻烦？

在讨论责任的必要性时，人们最想解决的是违背承诺的问题。帕特森的研究团队发现，超过 70% 的项目管理者的工作进度严重滞后，预算超支，这是因为在高管们制定无法实现的项目完成日期和预算时，没有人站出来说话。研究人员与被调查的项目管理者进行交谈，想弄明白他们是怎么让自己处于这种糟糕的境地。许多人回答说，在执行管理层制定无法实现的目标时，没有人提出异议。即使有人对此提出异议，也被告知别无选择。当目标没有达成时，决定执行时间和预算的高管很少去承担责任。他们还发现，当多功能团队共同承担一个项目时，团队成员很少提出可能影响整个团队的问题。多功能团队中的员工只在不到20%的时间里提出不好解决的问题，让项目管理者去讨论和解决。这意味着在80%以上的时间里，即使项目指标已偏离正轨，也没有人去告诉项目管理者，结果导致目标无法实现。

⚙ 思考练习

描述一种你逃避责任的情况。什么样的后果让你不敢承担责任？

事后看来，如果你今天发现自己处于类似的情况时，你会有什么不同的表现？

请描述一种情况：有人拒绝承担责任，并巧妙地将责任推到让你和你的团队身上。你有什么感觉？

你是如何处理这种情况的？事后看来，如果今天再出现这种情况，你会如何以不同的方式处理？

站出来让自己和团队负责那些看起来超出控制范围的情况，需要很大勇气。有时候，从另一种角度看问题，尽你所能地找出证据是比较容易的。但是，当确实需要关注或遵守规约的时候，你该怎么做？你如何确保你和团队成员全心投入工作，对一切错误和成功负责？

承担责任

帕特森和他的团队确定了一套**关键责任**程序，帮助人们学习如何引导建设性对话，鼓励人们承担责任。与关键对话一样，前30秒非常重要。这一短暂的时刻将决定你们的对话是合作性还是竞争性的。事实上，他的团队把这一时段称为**危险的半分钟**。

在开始讨论之前，制订计划是很重要的。确定你想要解决的问题。思考每种潜在行为可能带来的后果，然后确定对话后你可能采取的行动，和对话后你不想继续的行为。最后，检视一下你为自己、他人做了什么，或者没做什么。接下来的一系列步骤根据具体情况略有不同。这些步骤包括收集事实，构建故事，开展一次对话来缩小期望差距。

如图 8.1 所示的责任行动模型是对帕特森团队开发的四步行动路径模型的扩展。第一阶段是确保你已经收集到了所有可用的事实。有时表象具有欺骗性。有句格言说，"人们连一半的真相都看不透"，这意味着，无论我们多么努力地收集事实、从多个角度来观察问题，仍然有可能错过关键点。

第二阶段的重点是领导者的倾听和观察技能。尽管你认为某人没有对自己的行为负责，但很可能这个人对自己的角色和相关期待有不同的理解。在他们看来，自己表现得很好。还有一种可能是，他们正在处理个人危机，但没有告诉任何人他们正在努力解决个人问题。有时，人们没有认识到某一行为可能对组织其他

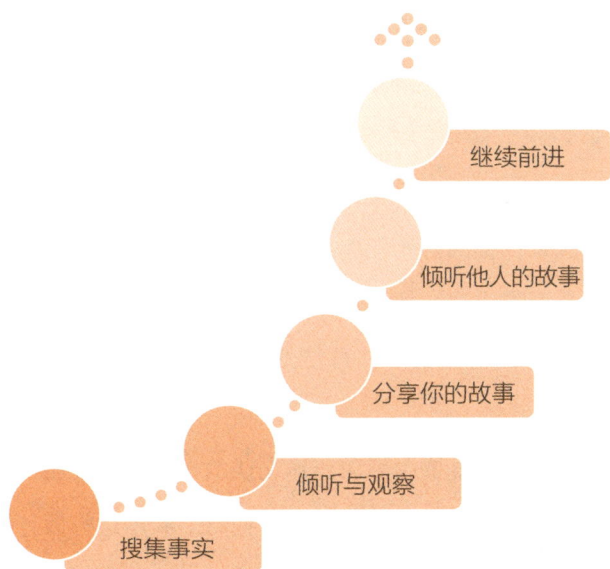

图 8.1　责任行动模型

成员产生的后果。总是会出现这样的情况，一个人犯了错，还想将自己的错误转嫁给他人。如果怀疑尚未证实，且往好的一面想。但当你收集的事实能够证明该人有不良行为或导致目标失败时，就可以找一个安全的空间与他进行对话。但不要让对话成为审讯。对话可以从讨论项目进展情况这个开放式问题开始。你可以说你注意到他们可能在考虑什么事情。这是一次对话，你可以听听他们说什么、没说什么来继续收集证据。要注意观察他们的肢体语言。

知道他们对目前情况的想法后，就进入了第三阶段。解释一下你对该情况的不同想法。使用你收集到的事实来支撑你在对话中讲述的情况。用平和的语气指出你的期望与他们的期望之间不一致的地方。在对话之前，把你所关心的问题写下来是很有帮助的。如果跟你谈话的人情绪激动，或坚持自己对角色的看法时，你就不会忘记谈话的要点，或是找不到思路。最重要的一点是向他们保证，你的首要任务是确保项目成功，确保项目团队中的所有成员获得成功。你会对你的团队坦诚相待，也希望他们对你坦诚相待，让他们把那些可能对项目产生不利影响的问题告诉你。

第四个阶段很重要，因为与你交谈的人被他们可能不理解的事实所启发后，他们会开始与你分享信息。利用这些信息解决问题，可以让你和团队中的其他成员都能成功地向前迈进。如果你发现他们又在找借口，不要翻白眼表示不满。听听他们说些什么，然后提出问题作为回应，让他们掌握局面。有时人们没有意识到他们有权做出决定或采取某些行动。在过往的经历中，他们可能没有机会去做出这些判断，他们可能害怕惹怒管理层。对你来说，采取行动，去做你认为有助于实现目标的事情似乎是第二天性。但是，有时候，人们需要获得许可。

责任行动对话的第五个阶段，也是最后一个阶段，有可能给你的组织带来建设性的改变。根据涉及情况和人员的不同，商定的行动和任务也会有所不同。你向对方反馈信息，说明你相信他们的判断力，再告诉他们可以做出哪些决定，哪些决定应该由你来做。这样的对话就是积极的。你可能从中了解到，项目的某些方面没有按计划进行，有些人又害怕让你发现这些问题。或者你可能会发现，现在的任务分配不太合理，那么你们的对话就会转向下一个话题：如何帮助此人找到更合适的道路。

🛠 | 思考练习

回想一种经历：你在处理某种情况时，缺乏适当的经验。你是如何在获得经验与负责任地完成任务之间取得平衡的？

你成功获得上述经验了吗？是否有一个关键的成功因素促成了你获得这一积极经验？事后看来，如果没有成功获得这种经验，你会如何处理这种情况？

描述一种情况：为了完成任务，你需要帮助新人快速获得专业知识。你的角色是什么？同事、主管还是下属团队的成员？

这种情况对你来说是积极的还是消极的体验？如果是积极的，是什么让它成功了呢？如果是消极的，导致失败的关键因素是什么？如果今天发生类似的情况，你会如何处理？

事后看来，如果你今天发现自己处于类似的情况时，你会有什么不同的表现？

卓越的领导者鼓励相关人员基于事实进行持续沟通。通过沟通，他们能够监控项目进展情况和项目需求，确保团队成员具备必要的技能和资源，满足进度、预算和质量的目标需求。负责任并不意味着无所不知。责任的意思是，在问题出现时及时处理，同时与你的团队一起确定最合适的解决方案，应对当前的挑战。成员们有不同的观点，其工作重点也各不相同，所以冲突在所难免。但是，以共同目标为重点，坚持使用建设性对话技巧，将最大程度促进创新，提高生产力。

总结

矛盾与对话

- 语言是把人们联系在一起的有力工具。协作对话有助于人们在借鉴彼此想法的基础上，提出创新性的解决方案。
- 关键对话是高风险场合。发起人的目的是让你措手不及，要么故意让你在公众面前出丑，要么诱使你同意他们的请求。
- 强大的领导者通过保持冷静和使用稳定技巧来控制情绪激动的场面，创造一个安全空间开展建设性的讨论，从而稳住关键时刻。
- **开车去小镇吃牛排晚餐**描述了这样一种情况：人们无法

达成协议，是因为没有人真正了解其他人的喜好，所有人做决策时都是基于假设而不是基于事实。

- 安全的对话空间让人们放心地去探索新想法，不必担心后果。

- 责任是成功团队的特质之一，因为对于影响团队实现共同目标的问题，所有成员都对其成因和解决方案负有责任。

第 **9** 章

领导者也是人

领导者通过……确立良好的权力行使准则

阿尔法型领导者可以……

反思性学习循环推动……

　　人们指望领导者推动项目发展。人人都期待你提出新的想法，或者遇到困难时，人人希望你提出解决方案。当领导是一项艰巨的任务——可能会让人望而生畏。如果你想把所有的事情都扛在肩上，这份责任可能会重得让你扛不住。领导者也是人，他们并不完美，也会在不熟悉的领域犯错。关键是要原谅你自己，你视为榜样的人还有与你一起工作的人，不会计较那些因错误和缺点而引发的问题。

　　量子引力物理学家卡洛·罗韦利（Carlo Rovelli）在《现实不似你所见：量子引力之旅》（*Reality Is Not What It Seems: The Journey to Quantum Gravity*）一书的前言中贴切地描述了对成就的追求。他写道："这并不是一本关于确定性的书，而是一本面向未知冒险的书"。这就是领导力的真正内涵；领导力不是遵章守纪，领导力要帮助人们探索未知。领导力不是技术和流行语。归根结底，领导力是由一同前行的人定义的。领导力能够保持组织各部分之间的一致性，共同实现组织的使命和愿景。这并不是像诗人罗伯特·弗罗斯特（Robert Frost）说的那样，走别人没有走过的路，而是要利用团队的优势来修桥筑路，开辟新的道路。

　　在一次采访中，罗韦利把物理学描述为一种理解世界的方法，"我认为我们不应该把它概括为事情。我们应该把它概括成一种事件，它总是在不同系统中发生，总是涉及不同的关系。或者，就像亲吻一样，总是发生在两个人之间。"与物理学相似，

领导者的起点
——卓越领导者的思考模型和行动指南

领导力不止存在于一个人或一个团队。领导者需要认识到组织系统之间的相互联系，以及把人们联系起来取得成功的各种关系。

矛盾行为

加州大学伯克利分校（University of California at Berkeley）的心理学教授达切尔·凯尔特纳（Dacher Keltner）想发现人们到底怎么做才能取得成功，就对高管的行为模式进行了长达 20 年的研究。他几乎在每项研究中都发现了一种令人担忧的模式，他将其命名为"权力悖论"（The Power Paradox）。这一悖论所描述的现象在很多正常晋升的高管身上都能看到。他们运用超级领导力，表现出共情、协作、公开、谦逊和分享等特质，而一旦获得权力位置后，就开始享受随之而来的特权，那些帮助他们晋升的优良品质也开始衰减。几个月前还表现出积极领导力特质的人，现在却变得粗鲁无礼。那些曾经将他人的需求置于自身需求之上的人，现在却支持自私和不道德的行为。

凯尔特纳的研究团队对精英主义行为进行了各种研究，其中一项研究是根据汽车的价格来比较车主的行为。他们发现，驾驶低价车型的人总是给其他车辆让路，而驾驶豪华汽车的人仅在约 50% 的时间里给其他车辆让路。他们对全球 27 个国家的组织进行了一项调查，发现收入水平较高的员工更有可能把贿赂和其他不道德行为视为正常的商业行为。更有趣的一项调查是粗鲁和自私行为对组织生产力的影响。参与调查的是来自 17 个行业的 800 名管理者，一半的人承认，因为不满组织高层的粗鲁行为，他们故意减少自己的工作量。

凯尔特纳发现权力悖论具有普遍性，于是就开始寻找一种方法，想让高管远离这些特权行为。他发现，那些意识到敏感警报（例如挫败）的人能够理性地表达自己的感受。他们一般不会做出粗鲁的举动，而是更可能表现出积极性的行为。凯尔特纳制定了一套方法，帮助高管做出积极行为，他将其称为"**良好的权力行使准则**"。通过共情、感恩和慷慨这 3 种方法可以帮助领导者提高能力，用简单的行为建立良好的人际关系。表 9.1 提供了一些建议，帮助领导者实践"良好的权力行使准则"。

表 9.1　良好的权力行为准则

良好的权力 行使准则	建议做法
共情	● 倾听时，身体要转向说话者，并保持专注 ● 提出问题，复述你听到的答案，确认你听明白了 ● 开会前，花点时间回顾一下即将与你见面的人，他们的生活中发生了什么
感恩	● 公开感谢他人的努力和贡献 ● 给同事发送电子邮件或传统的感谢信，对他们的出色工作表示感谢 ● 既要庆祝大的胜利，也要庆祝小的成功

良好的权力 行使准则	建议做法
慷慨	<ul><li>让员工站在"聚光灯"下，表彰所有作出贡献的人</li><li>把重要和备受瞩目的任务委派给员工</li><li>寻找与团队成员一对一相处的机会</li></ul>

　　人们会注意到领导者口头的、书面的以及非语言交流的方方面面。在准备写这本书时，我请很多人描述了那些给他们留下深刻印象的领导者。我有个朋友在一家全球科技公司工作，他给我讲了她所在地区的副总裁。这位副总裁每隔 4 到 8 周就去一次当地的办公室，到处转转，向办公室里的每个人说"早安"，还不时地与员工随意聊聊，或回忆上一次来办公室他看到的情况。他可能一天的时间都在开各种会议，很少休息；但是在开始工作之前，他总是花 15 到 20 分钟的时间去跟当地的员工聊天。之前的地区副总裁从没有跟员工进行过这么直接的交流。他们总是走进办公室后就立即开始工作。在我们的讨论中，她认为以前的地区副总裁确实是优秀的管理者，专心做好本职工作；但是，让她描述心目中的领导者时，她认为只追求高绩效的管理者并不是好领导，关心和欣赏员工的人才是好领导。

思考练习

回想一下你陷入权力悖论的情况。是你拥有权力悖论所描述的特权，还是你看到其他人拥有这种特权？

简要描述一下当时的情况，包括你记忆中关于该事件的任何想法或感受。如果今天再发生同样的情况，你会有不同的表现吗？

描述一下你最近一次在专业活动或志愿团体活动中与他人**共情**的经历。你当时感觉如何？

描述一下你最近一次在专业活动或志愿团体活动中**感谢**他人的经历。你当时感觉如何？

描述一下你最近一次在专业活动或志愿团体活动中**慷慨**待人的经历。你当时感觉如何？

恰当地行使权力能够很好地激励员工，能帮助你在组织内建立关系。前面提到，某个地区副总裁花 15 到 20 分钟与当地办公室的员工聊天，这就是对团队建设的有效投资。公司主管不但让当地员工知道他们受到重视，还能对当地的办公室文化有一个大致的了解。这样一来，如果出现需要高度关注的不良趋势，需要地区副总裁去解决具体问题时，他就已经在了解当地办公室文化、获得当地员工信任等方面建立了良好的基础。

阿尔法人格陷阱

一直以来，担任高管职位的人都非常有抱负，性格多为好胜心强的阿尔法（Alpha）型或 A 型人格。胸怀大志的高管会主动去制定激进的、控制严密的管理方法，这些方法通常与阿尔法型领导者有关。贝塔（Beta）型或 B 型人格的领导者不像阿尔法型人格那样咄咄逼人，他们以协作式的工作风格引人注意。《商业精英综合症》（*Alpha Male Syndrome*）的作者凯特·鲁德曼（Kate Ludeman）和埃迪·厄兰森（Eddie Erlandson）通过研究发现，70%的高管都属于阿尔法型人格。从这项研究形成的高管资料中可以看出，很多人愿意承受压力，承担责任，主持制定艰难的决策。

鲁德曼和厄兰森对阿尔法型人格的高管行为的各种特征进行了研究。他们发现，有些特征长期以来被认为是组织领导者的优势，但现在对组织来说可能是一种危险因素，因为组织需要在快速变化的环境中不断发展。例如，阿尔法型人格的领导者行动果断，具有强大的直觉，能够快速做出决策。但是，这些让阿尔法型人格的领导者自信、有主见的特质也有不好的一面。如果他们发现自己在合作环境中不是唯一的决策者，就会变得思想封闭、专横跋扈、令人生畏。阿尔法型的人还是公认的行动主义者。这个特征使他们能够向前推进工作，获得工作成果；但是这个特征也会让他们没有耐性，拒绝对不能产生直接效果的过程进行改进。表 9.2 列出了 7 种常见的阿尔法型人格特征，以及这些行为给组织带来的潜在价值和风险。

表 9.2　阿尔法型人格特征的价值及风险矩阵

阿尔法型人格特征	价值	风险
自信；有主见	行动果断	思想封闭；令人生畏
高智商	目光长远	解雇或贬低持不同意见的同事
以行动为导向	产出工作成果	没有耐性；拒绝为改善结果进行过程改革
期望高绩效	设定并实现高目标	持续不满；不能欣赏或激励他人
直接的沟通风格	促使人们去行动	产生恐惧和顺从文化
高自律性	超级高产	有不合理的期望；忽略倦怠迹象
不露情绪	非常专注、客观	很难与人建立联系；不能激励团队

贝塔型领导者天生就具备协作能力，而阿尔法型领导者就很难做到这一点。鲁德曼的团队通过培训，帮助许多阿尔法型领导者意识到，他们的行为可能会威胁到组织的效率和生产力，最后成功地把他们培养成了高效领导者。这种培训的基本前提是，为了让这些领导者成长和改变，必须让他们花时间明确自己的个人动机，接受他们不能解决所有的问题这一事实，然后去探索新的观点，考虑他人提出的反对意见。

他们的核心方法是让这些高管针对 5 个目标进行练习，磨炼自己的阿尔法人格特征，学习如何成功领导 21 世纪的协作团队。第一个目标是让领导者们承认自己的弱点，开始向他人寻求帮助。第二个目标是让领导者承担责任，为自己对他人产生的影响负责。阿尔法型领导者往往没有意识到，他们的决定可能会对组织内的其他人和其他部门产生不利影响。第三个目标是帮助阿尔法型高管认可并学习如何建设性地管理自己的情绪。第四个目标是学习如何平衡正面反馈和负面反馈。鲁德曼的团队发现，阿尔法型的人向团队提出的反馈中，80% 的内容都是在说别人采取的措施不利。所以，第四个目标是帮助阿尔法型领导者学习如何将赞赏性评论融入反馈中，这样他们就可以综合使用批评与赞扬，更有效地激励和推动团队向前发展。鲁德曼培训过程的第五个目标是帮助领导者识别破坏性的行为模式。通过帮助他们了解其不良行为的根本原因，可以让他们解除防御心理，成为帮助团队专注于制定建设性解决方案的领导者。

思考练习

在参加专业活动或志愿活动时，你是否与阿尔法型的人共事过？简要描述一下，当你与他们一起工作时，发现了哪些难以处理的问题？

你会如何促使阿尔法型的人认识并实现鲁德曼提出的五个目标（脆弱性、责任心、情绪管理、反馈平衡、模式识别），帮助他们成为更好的协作型领导者？

　　阿尔法型和贝塔型的人都可以成为卓越领导者。哪种类型的人最适合领导哪个项目及任务要根据具体情况来确定。阿尔法型领导者需要在任务委派和协作工作两方面多加练习；贝塔型领导者往往会被纠缠于各种讨论中，也需要通过训练来学会划清界限。达娜·阿尔迪（Dana Ardi）博士在《管理层的崩塌：联络、合作、影响和领导的新途径》（*The Fall of the Alphas: The New Beta Way to Connect, Collaborate, Influence, and Lead*）一书中描述了几种贝塔型领导者以及他们与副手之间的合作关系。其中最著名的是伯克希尔·哈撒韦公司（Berkshire Hathaway）的首席执行官沃伦·巴菲特（Warren Buffett）与副董事长查利·芒格（Charlie Munger）之间的合作。伯克希尔·哈撒韦公司是美国的一家跨国投资集团，总部设在内布拉斯加州的奥玛哈。巴菲特和查利自 1982 年以来一直在一起工作，他们把对方在公司中的角色定义为联合策划人、志同道合的伙伴、高智商的辩论对手，他们之间形成了一种非常高效的学习机制。

不断学习领导经验

个人成长是反思性学习与计划周期的一个基本要素。在第2章中讨论的组织层次模型（图2.2）说明，需要维持所有成员、领导团队和领导者之间关系的平衡。在领导者及其工作团队适应渐进性变化的过程中，他们对自己以及相互关系的认识也可能会相应地进行调整。

即使没有重大变革的推动，领导者也应该进行个人反思，确认他们是否仍与组织和领导团队保持平衡关系。《快乐是可以练习的》（*The Happiness Equation*）的作者奈尔·帕斯瑞查（Neil Pasricha）为《多伦多星报》（*The Toronto Star*）写了一篇文章，内容是为什么人们永远都不应该退休。他在文章中说，他发现日语中没有"退休"这个词。于是他又去研究"Ikigai"（生きがい）这个词，该词大致可以译为"你早上必须起床的原因"。"Ikigai"是日本的一种古老思维方式，可以帮助人们确定自己的人生目标。

Ikigai 概念中有四个基本问题，可以帮助人们正确看待自己和周围的世界的关系。这些问题会随着个人逐渐成熟，经历过各种挑战，阅历不断丰富等原因发生变化。图 9.1 说明了 Ikigai 四个概念之间的相互联系，这些概念让人在激情、使命、职业和义务中获得平衡。

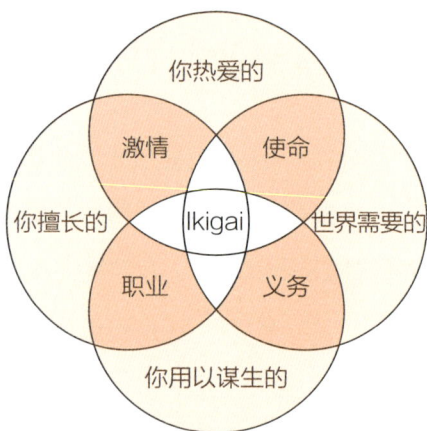

图 9.1　Ikigai 平衡模型

帕斯瑞查在为《多伦多星报》撰写的文章中提到了一项对 4.3 万名日本成年人进行的大型研究。该项研究发现，与不进行自我反思练习的人相比，练习 Ikigai 的人更快乐、更健康。帕斯瑞查的基本观点是，找到一项让你可以追求、感到快乐的活动或事业，这有助于你与周围环境保持建设性的良好联系。这种观点也适用于你的工作追求和其他个人追求。他推荐了由来已久的 Ikigai 方法，帮助你找到自己的北极星坐标，也就是你存在的理由。

当你通过这个练习来确定你的**激情**所在和个人目标时，请记住这是一个动态的过程，可能需要重复多次。最终结果也会发生变化。随着环境和世界观的改变，你的**激情**所在和个人目标也可能发生改变。那些曾经对你来说极为迫切的事情现在可能都算不上是一件大事。练习 Ikigai 的人要问自己的四个主要问题是：

- 你热爱什么？
- 你擅长什么？
- 世界需要什么？
- 你能做什么来谋生？

有些人把激情视为自己的人生使命，全心全意地去追求。Ikigai 法则认为这些人会享受生活，但不会拥有财富。与之相反的是，有些人把全部精力都放在职业上，他们可能拥有大量的财富，但可能会产生挥之不去的空虚感。专注于磨炼自己才能的人会觉得自己很有用，但可能无法融入更大的社会群体中。最后，那些特别关注世界需求的人会有短暂的兴奋，因为他们为实现使命付出了努力；但是，他们对自己的长期发展道路感到不确定。生活在这四种要素重叠区域的人非常幸运。重叠区域通常被称为快乐区。因此，真正需要解决的大难题是：什么能给你带来快乐？

思考练习

如果有一天你不用承担责任（是的，你的孩子们由一个值得信赖的人照看着），你会做什么？

如前所述，如果你有一周的自由时间，且预算不受限制，你会做什么？

在你的一生中，有没有遇到过一个人，哪怕是短暂的，让你愿意花一个下午与之交谈？为什么？

选择 3 到 5 个你认为最亲近的人（朋友、家人或同事）。
他们给你送过一件什么礼物？你给他们送过一件什么礼物？

每个人对快乐都有自己的定义。有时我们忙于日常工作，忙于确保与我们一起工作的人能获得成功，却忘记了要优先考虑自己的个人发展。每天花几分钟的时间来反思自己，练习 Ikigai，可以让你聚焦职业需求和个人愿望，思考如何实现这些愿望。这样做虽然花费的时间不长，但很有效。有了这些属于你自己的反思时间，你就会发现隐藏在大脑深处的各种想法和可能性，它们正在等待合适的时间、合适的地点和合适的机会被你释放出来。

在最后一章结束之际，请记住以下几条来之不易的经验教训：

- 对自己和他人既要高标准严要求，又要善良以待
- 说话要直接——该说的话要说出来
- 不同情况需要不同的领导力技能及优势
- 人都会犯错——原谅自己和他人

- 承认失败是一次学习的机会
- 继续寻找你的激情所在

总结

领导者也是人

- 领导力不止存在于一个人或一个团队。它还体现在组织各系统之间的相互联系，以及把人们联系起来取得成功的各种关系中。

- 权力悖论的表现是：某些高管通过发挥协作领导力特质得以晋升，但在晋升后倚仗自己的新职位特权做出了自私和不道德的行为。

- 根据个性和相关行为，领导者通常被分为几类。阿尔法型领导者往往很有抱负，好胜心强，他们一般会采用自上而下的领导方式。贝塔型领导者往往不那么咄咄逼人，他们鼓励协作型工作方式。这两种类型的领导者没有好坏之分，都可以在不同的环境中发挥更大的效用。

- 最高效的领导者终身学习。Ikigai 是一种来自日本的古老思维方式，为人们提供了一种结构化的方法。这种方法既可以应用于工作场所，也可以用于个人追求，帮助你确定方向和目标。